AF608095

LES ÉTUDES DANS LES RELIGIONS CLÉRICALES

THE CATHOLIC UNIVERSITY OF AMERICA
CANON LAW STUDIES
No. 149

LES ÉTUDES DANS LES RELIGIONS CLÉRICALES

ABRÉGÉ HISTORIQUE
ET
COMMENTAIRE CANONIQUE
PAR LE

P. GATIEN BOLDUC, B.A., S.T.L., J.C.L.,
des Clercs de St-Viateur

DISSERTATION

Soumise à la Faculté de Droit Canonique de l'Université Catholique d'Amérique en satisfaction partielle aux conditions requises pour l'obtention du doctorat en DROIT CANONIQUE.

THE CATHOLIC UNIVERSITY OF AMERICA PRESS
WASHINGTON, D. C.

1942

IMPRIMI POTEST:

Sylvester Sylvestre, C.S.V., J.U.D.
Superior Provincialis
« Joliette », Que., die XVI Maii, 1942.

NIHIL OBSTAT:

Hieronymus D. Hannan, A.M., S.T.D., LL.B., J.C.D.
Censor Deputatus
Washingtonii, D.C., die XVIII Maii, 1942.

IMPRIMATUR:

† Michael J. Curley, D.D.
Archiepiscopus Baltimorensis et Washingtonensis
Baltimoræ, Md., die XIX Maii, 1942.

Imprimé par
l'Imprimerie des Sourds-Muets
Montréal — Canada.

TABLE DES MATIÈRES

II COMMENTAIRE CANONIQUE

INTRODUCTION

De tout temps, l'Église s'est occupée de la formation intellectuelle de ses ministres. Elle suit en cela les traces de son divin fondateur qui exhortait les apôtres à être la lumière du monde qui doit briller devant les hommes *. La législation actuelle sur les études des prêtres réguliers se trouve au douzième titre du deuxième livre du Code de droit canonique; elle est beaucoup plus courte que celle qui, dans le troisième livre, traite des études des clercs séculiers et elle ne peut s'interpréter indépendamment de ces dernières prescriptions.

Le but de cette dissertation est de montrer le développement de la législation des études chez le clergé régulier et de commenter les prescriptions du Code à ce sujet. Dans la partie canonique, l'auteur a délibérément passé sous silence ce qui concerne les études primaires et secondaires pour s'attacher aux études philosophiques et théologiques requises avant le sacerdoce. On a de même omis les règlements qui se rapportent exclusivement aux degrés académiques.

Les canons 587-591 concernant ces études philosophiques et théologiques viennent sous la rubrique générale « *De ratione studiorum in religionibus clericalibus* » et ils s'appliquent à tous les instituts cléricaux, soit ordres, soit congrégations pontificales ou diocésaines. Cependant ils ne s'appliquent pas aux communautés cléricales dont les membres vivent en commun sans vœux publics de religion. Ces sociétés suivent la législation propre aux clercs séculiers, comme le dit expressément le canon 678.

L'auteur veut profiter de cette occasion pour remercier ses supérieurs de lui avoir donné l'avantage de poursuivre ses études ecclésiastiques. Il étend aussi ses remerciements aux membres de la faculté de droit canon qui ont aidé l'auteur à préparer cette dissertation.

---

* Mt., V, 14-17.

I

ABRÉGÉ HISTORIQUE

CHAPITRE I

DES ORIGINES DE LA VIE RELIGIEUSE JUSQU'À CHARLEMAGNE

(IVe-VIIIe S.)

La vie religieuse sous sa forme cénobitique doit son origine à saint Antoine qui fonda dans les déserts de la Thébaïde la plus ancienne communauté religieuse que l'on connaisse. De là, elle se répandit rapidement dans les autres parties de l'Église orientale et fut introduite à Rome grâce à l'influence de saint Athanase [1].

La vie des premiers moines était une vie de prière, de mortification et de travail manuel. Une partie minime du règlement journalier était consacrée à l'étude. Il faut se rappeler tout d'abord que les premiers moines étaient surtout des laïques; la distinction entre les frères que l'on appelle aujourd'hui convers et les clercs religieux viendra plus tard. La législation de l'Église sur cette question est nécessairement peu précise au début. Les règlements sur les études ne sont qu'en germe dans les premiers siècles de l'ère chrétienne, comme la plupart des autres institutions juridiques d'ailleurs. Celui qui ne voudrait considérer que la lettre des ordonnances monastiques et ecclésiastiques de cette époque serait porté à traiter d'ignorantins les premiers religieux. Cependant, une institution qui a eu pour fondateurs, pour membres ou pour défenseurs Basile, Chrysostome, Éphrem, Athanase et Augustin ne devait certainement pas être un foyer d'obscurantisme.

Article I

Documents du magistère ecclésiastique

Durant cette période, il n'y a pas eu de règlements de la part du Saint-Siège sur la formation intellectuelle des clercs

---

1 Montalembert, *Les moines d'Occident* (3 vols, Paris, 1860), I. 115.

religieux. Cependant on trouve quelques décisions des papes et des conciles sur l'instruction des jeunes clercs en général et il est probable qu'elles ont exercé quelque influence sur les religieux. L'idée générale qui se dégage de ces textes est que les clercs doivent avoir une certaine instruction et que l'ignorance ne doit pas avoir de place chez le clergé.

Saint Gélase, dans une lettre aux évêques de la Laconie, du Brutium et de la Sicile, à la fin du cinquième siècle, avertit ces derniers qu'ils ne doivent pas ordonner les illettrés parce que, dit-il, « *nec litteris carens sacris esse potest aptus officiis* » [2]. Dans la suite, les papes reviendront souvent sur la même idée et Gratien consacre toute une distinction à rapporter des documents de ce genre [3]. Les « *Statuta Ecclesiæ Antiqua* », composés à peu près à cette époque [4], ordonnent aux clercs qui sont capables de travailler d'apprendre un métier et de s'adonner à l'étude des lettres [5].

Un concile assez important sur la présente question est le second concile de Vaison (529) ; il demande que les pasteurs se préparent des successeurs en réunissant dans leur maison des jeunes gens à qui ils doivent apprendre « le chant des psaumes, les leçons de l'Église et les lois du Seigneur » [6]. Ces écoles presbytérales, comme on les appellera plus tard, existaient avant ce concile, du moins en Italie, car le concile parle de cette institution comme quelque chose de florissant dans la

---

[2] Jaffé—Wattenbach, *Regesta Romanorum Pontificum* (2 ed., 2 vols, Lipsiæ, 1885-1888). I, 85; *Bullarium Romanum* (24 vols, Editio Taurinensis, 1857-1872), I, 105; Sacra Congregatio de Seminariis et Studiorum Universitatibus, *Enchiridion Clericorum* (Romæ: Herder, 1938), n. 18. Le *Bullarium Romanum* sera désigné dans la suite par l'abréviation *Bull. Rom.* et l'*Enchiridion Clericorum* par *Ench. Cler.*

[3] D. XXXVIII.

[4] Van Hove, *Prolegomena* (Mechliniæ—Romæ: H. Dessain, 1928), p. 116.

[5] *Ench. Cler.*, n. 44; c. 4, D. XCI.

[6] Hefele—Leclercq, *Histoire des conciles* (10 tomes en 19 volumes. Paris: Letouzey et Ané, 1907-1938), T. II, V. II, 1111; *Ench. Cler.*, n. 60.

péninsule italienne [7]. À la fin du même siècle, saint Grégoire le Grand demande à Janvier, évêque de Calaris (Cagliari) en Sardaigne, de n'ordonner que ceux qui ont le goût de l'étude [8].

Ces documents ne prouvent qu'une chose, c'est que dès les débuts de son existence l'Église a eu à cœur la formation intellectuelle de ses prêtres. La législation se précisera avec les siècles.

Article II

Droit romain

Dans le droit romain, on retrouve les principes cités plus haut: les prêtres doivent être des « lettrés » [9]. Justinien insiste sur la connaissance des Écritures pour les moines [10]. Les prêtres et les diacres doivent connaître les prières de l'Église et les saints canons [11]. Les évêques doivent avoir une connaissance particulière de ces canons; le candidat à l'épiscopat devait les lire avant sa consécration [12]. Quant à ceux qui doivent être promus à cette dignité alors qu'ils ne sont que laïques, l'empereur veut qu'ils passent au moins trois mois dans les rangs du clergé inférieur pour apprendre les canons de l'Église et les offices ecclésiastiques, car, dit-il, « *qui enim alios docere debet, ab aliis post creationem doceri non debet* » [13].

Ces prescriptions sont d'accord avec la législation des papes et des conciles de l'époque. Célestin I dit qu'il n'est pas permis

---

7 *Loc. cit.*

8 *Ench. Cler.*, n. 60; *Monumenta Germaniæ Historica* (dans la suite *MGH*), *Epistolæ Gregorii I*, T. I, V. II (edidit L. M. Hartmann, Berolini: Weidmannos, 1891), 261.

9 N. (123. 12): « Clericos aliter creari permittimus nisi litteras sciunt ».

10 N. 5: « Si quis igitur perfectus monachus futurus est, is et sacrarum litterarum disciplina... indiget ».

11 N. (6. 4).

12 *Loc. cit.*

13 N. (123. 1).

à un prêtre d'ignorer les canons, et le quatrième concile de Tolède répète la même chose [14].

Article III

Les règles des fondateurs du monachisme

A. *Orient*

C'est à l'Orient, comme on l'a vu plus haut, que l'on est redevable de l'institution monastique. Les règles les plus célèbres furent celles de saint Antoine, de saint Pakhôme et de saint Basile. Quoique différant sur des questions de détail, elles ont plusieurs points de ressemblance. Toutes, elles attachent une importance primordiale à l'*Opus Dei* et au travail des mains. Cependant le travail intellectuel n'est pas mis de côté.

On avait tout d'abord à faire face au problème de l'éducation des jeunes gens admis à la vie religieuse. Un certain nombre se faisaient moines à un âge relativement peu avancé et il fallait les instruire au monastère [15]. Aussi, saint Pakhôme crut-il nécessaire de traiter de l'éducation des jeunes moines. Celui qui ne savait pas lire devait aller trois fois par jour chez un confrère plus instruit pour prendre des leçons. Ensuite, il devait étudier 20 psaumes et deux épîtres de saint Paul; on pouvait remplacer ces deux dernières par une autre partie des Livres saints. Tout moine devait savoir lire et avoir parcouru le Nouveau Testament et le Psautier [16].

Non seulement les moines orientaux s'occupaient de l'éducation de leurs sujets, mais ils consentaient à recevoir dans

---

[14] Van Hove, *Prolegomena*, p. 214.

[15] Leclercq, « École, » — *Dictionnaire d'archéologie et de liturgie chrétienne* (15 tomes en 30 vols, Paris: Letouzey et Ané, 1924-1939), T. XIV, V. II, 1825.

[16] S. Jérôme, *Regula Pachomii* — Migne, *Patrologiæ Cursus Completus, Series Latina* (221 vols, Parisiis, 1844-1864), XXIII, 78; cité par la suite *MPL*.

leurs monastères des enfants qui se destinaient au monde. Saint Basile admet cette pratique en s'autorisant de la parole du Christ: « Laissez venir à moi les petits enfants » [17]. Parmi les matières étudiées, l'Écriture avait la place d'honneur. La lecture de la Bible, selon le saint docteur, contribue à former la piété et à se débarrasser de l'esprit du monde [18]. Il va sans dire que la mythologie païenne devait céder la place à la Bible pour l'éducation historique [19]. Tous n'étaient pas tenus à la même science; ceux qui avaient à commander devaient en savoir plus afin d'être en mesure de mieux diriger leurs subalternes [20].

B. *Occident*

Dans l'Église latine, on rencontre des traces de la vie cénobitique à l'époque des dernières persécutions, mais c'est surtout après qu'Athanase fut allé à Rome pour se défendre contre les Ariens auprès du pape Jules I qu'elle se répandit. Ce saint confesseur de la foi avait amené des moines avec lui; ils édifièrent tous les Romains et leur exemple entraîna un bon nombre de ceux-ci à embrasser ce nouveau genre de vie [21]. De Rome, elle passa dans les autres parties de l'Italie, dans les îles de la Méditerranée, en Gaule et dans les Îles Britanniques, puis dans le reste de l'Europe. Saint Benoît fut vraiment celui qui lui donna sa forme caractéristique en Occident. Sa règle fut l'une des plus suivies; écrite en 529, elle devenait sous Charlemagne, au concile d'Autun, la seule autorisée [22].

Pour ce qui est de la question des études, les règles occidentales ont beaucoup de ressemblance avec les règles orientales.

---

17 S. Basile, *Regulæ fusius tractatæ* — Migne, *Patrologiæ Cursus Completus, Series Græca* (161 vols, Parisiis, 1856-1866), XXXI, 952; cité par la suite *MPG*.

18 *MPG*, XXXI, 1147.

19 *MPG*, XXXI, 954.

20 *MPG*, XXXI, 1239.

21 Montalembert, *Les moines d'Occident*, I, 445.

22 Marion, *Histoire de l'Église* (4 vols, 10 éd. revue par V. Lacombe, Paris: Téqui, 1932), II, 168.

À l'exemple de ces dernières, les premières réservent dans l'ordo quotidien un temps spécial pour la lecture. Ce temps varie avec les saisons [23].

Cette *lectio* dont font mention si souvent les règles de cette époque ne devait pas être une simple lecture oisive. Les moines de saint Isidore devaient interroger l'abbé sur ce qu'ils ne comprenaient pas, et celui-ci devait expliquer la difficulté non seulement à un individu mais à toute la communauté. De là à une classe régulière, il n'y a qu'un pas.

Une autre indication de l'importance attachée à la culture intellectuelle, c'est l'institution des bibliothèques dans les monastères. La règle de saint Augustin et celle de saint Isidore mentionnent que les volumes sont sous la garde d'un moine [24].

Article IV

Matières enseignées

A. *Sciences profanes*

Comme on l'a vu plus haut, l'Orient connaissait les écoles monastiques. Le même système prévalut non seulement pour les futurs moines, mais aussi pour ceux qui se destinaient à

---

23 S. Augustin, *Regula ad servos Dei:* « codices certa hora singulis diebus petantur ». — *MPL*, XXXII, 1383.

S. Césaire, *Regula ad monachos:* « omni tempore usque ad tertiam legant ». — *MPL.* LXVII, 1100.

S. Benoit, *Regula monasteriorum* — Butler, *Sancti Benedicti regula monasteriorum* (2 ed., Herder & Co., Friburgi Brisgoviæ: 1927), p. 88-91: « ut a pascha usque ad Kalendas Octobres... ab hora autem quarta quasi sexta lectioni vacent... A Kalendis autem Octobribus usque caput Quadragesimæ, usque in horam secundam plenam lectioni vacent. In Quadragesimæ vero diebus, a mane usque tertiam plenam, vacent lectionibus suis ».

S. Isidore, *Regula monachorum:* « post celebrationem tertiæ usque ad sextam lectioni vacare... » *MPL*, CIII, 562.

24 S. Augustin, *loc. cit;* s. Isidore, *Ibid.*, CIII, 563.

l'état séculier. Ceux-là étaient désignés du nom d'*oblati* et ceux-ci du nom de *nutriti*[25].

Il est temps de se demander maintenant quel était l'enseignement qui se donnait à cette époque. Dans l'ancienne Rome, la première école qui s'offrait à l'enfant était le *ludus litterarum* où l'on enseignait la lecture, l'écriture et les éléments de l'arithmétique. L'âge d'admission était généralement 6 ou 7 ans. L'école de grammaire, qui avait à sa tête le *grammaticus*, faisait suite à l'école primaire; la grammaire, la littérature, l'arithmétique, la musique et la gymnastique étaient du programme. Ensuite, le jeune Romain pouvait aller à une des écoles de rhétorique parfaire son éducation[26]. Les écoles palatiales de Rome et de Constantinople enseignaient la littérature grecque et latine, la rhétorique, la grammaire, la logique et le droit[27].

Chez les moines, l'instruction variait avec les monastères et les régions. Il y avait toutefois un point de commun: c'était l'hésitation à cultiver les auteurs païens[28]. À cela rien de bien étonnant. Le paganisme était encore une force qui exerçait son emprise sur les esprits. C'est ainsi que saint Basile ne veut pas des auteurs païens pour ses moines, et les récits de l'histoire sainte devaient remplacer la mythologie. Saint Isidore de Séville, qui a contribué à conserver les chefs-d'œuvre de l'antiquité, s'exprimait en ces termes:

> Gentilium autem libros, vel hæreticorum volumina, monachus legere caveat. Procul ergo a manibus nostris gentilium libri, procul poetarum aut philosophorum fallaciæ, utpote quæ mentem a vera beatitudine avertunt[29].

Saint Jérôme expliquait bien les lyriques et les comiques aux jeunes gens de Jérusalem, mais ce n'était pas sans remords[30].

25 Mabillon, *Traité des études monastiques* (Bruxelles, 1672), p. 88-93.

26 McCormick, *History of Education* (Washington, 1915), p. 56.

27 C. (11. 19) 1.

28 Lalanne, *Influence des Pères de l'Église sur l'éducation publique pendant les cinq premiers siècles* (Paris, 1850), pp. 39, 111.

29 S. Isidore, *Regula monachorum* — *MPL*, CIII, 563.

30 Lalanne, *loc. cit.*

Les Pères les plus véhéments en cette matière furent Sulpice Sévère et Tertullien [31].

On peut dire d'une façon générale que l'éducation proprement littéraire n'était pas en honneur dans les premiers siècles, et si le moine n'avait pas étudié les auteurs classiques avant son entrée en religion, il risquait fort de ne jamais les fréquenter après son admission. Quand le paganisme eut perdu de sa force, les Pères furent plus larges en cette matière [32]. Le même phénomène se produisit en Irlande au sujet de la culture celtique. Les premiers moines ne favorisaient pas l'étude des auteurs celtes, mais quand le paganisme fut disparu, les représentants de la culture nationale eurent droit de cité [33].

Au cinquième siècle, on vit apparaître une méthode nouvelle pour l'enseignement des sciences profanes. En Afrique, vers 420, Marcianus Capella composa un ouvrage intitulé *Satyricon libri IX* où il divisait le savoir en sept arts libéraux. Ceux-ci comprenaient deux parties: le *trivium* ou *artes sermocinales* et le *quadrivium* ou *artes reales*. Le premier groupe embrassait la grammaire, la rhétorique et la dialectique. Le second comprenait l'arithmétique, la géométrie avec l'astronomie et la musique. Cette division fit fortune et fut suivie jusqu'à la Renaissance [34]. Cassiodore consacra la deuxième partie de son ouvrage *Institutiones divinarum et sæcularium litterarum* aux arts libéraux [35]. Au siècle suivant, saint Grégoire de Tours dit lui-même qu'il a parcouru ce cycle, et par le contexte, on voit qu'il n'était pas une exception [36]. La philo-

---

[31] Ryan, *Irish Monasticism, Origins and early Development* (London: Longmans, Green and Co., 1931), p. 372.

[32] Lalanne, *Influence des Pères de l'Église sur l'éducation publique pendant les cinq premiers siècles*, p. 111.

[33] Ryan, *ibid.*, p. 377.

[34] Willmann, « Arts, The Seven Liberal —, » — *The Catholic Encyclopedia* (15 vols et 1 supp., New York: The Encyclopedia Press, 1907-1922), I, 760-762.

[35] De Labriolle, *Histoire de la littérature chrétienne*, 2 éd., (Paris: Société d'édition « Les Belles-Lettres, 1924), p. 675.

[36] S. Grégoire, *Historia ecclesiastica Francorum* — *MPL*, LXXI, 572.

sophie pure ne jouissait pas de la faveur des Pères, et elle était dominée par la théologie. Le plus célèbre philosophe de l'époque fut Boèce qui composa plusieurs ouvrages et en particulier la *Consolatio philosophiæ* [37]. Il traduisit en outre certaines parties d'Aristote et de Platon qui furent très utilisées au Moyen-Âge [38].

B. *Sciences ecclésiastiques*

La matière qui était le plus en honneur dans les monastères était sans contredit l'Écriture sainte. La théologie ne se trouvant qu'à l'état de formation, il était bien naturel que l'on allât s'instruire dans la Bible avant tout. Aussi, les fondateurs d'ordres insistent-ils particulièrement sur la lecture de la Bible. « Se mettre en état de lire l'Écriture était le premier devoir imposé aux novices » [39]. Le psautier, dont les moines devaient lire une partie chaque jour à l'office, et le Nouveau Testament étaient les livres préférés des religieux d'alors [40]. En Irlande, on insistait spécialement sur l'Évangile selon saint Matthieu, les Actes et les petits prophètes [41].

À l'Écriture, on devait ajouter la science des canons, la connaissance des principales cérémonies liturgiques, la lecture de la vie des martyrs et des écrits des Pères, et surtout les conférences de Cassien sur la vie monastique [42].

Une autre matière qui prit de l'importance avec le temps fut le chant ecclésiastique. L'*Opus Dei* était en effet la raison d'être de l'ordre bénédictin. Aussi, saint Benoît a-t-il des ordonnances très détaillées sur la liturgie [43]. À Rome, avec la réforme du pape saint Grégoire, le chant prit une place importante.

---

37 De Labriolle, *op. cit.*, p. 667.

38 Montalembert, *Les moines d'Occident*, I, 76.

39 Montalembert, *loc. cit.*

40 S. Jérôme, *Regula Pachomii* — *MPL*, XXIII, 78.

41 Ryan, *Irish Monasticism*, p. 378.

42 N. (123. 1) ; Butler, *S. Benedicti regula monasteriorum*, p. 80 ; Leclercq, « École, » — *Dictionnaire d'archéologie*, T. IV, V. 22, 1831.

43 Butler, *op. cit.*, p. 41-54.

Ce saint pape confia à quelques monastères de sa ville le soin de conserver le chant ecclésiastique dans toute son intégrité [44]. Ces monastères durent s'acquitter assez bien de leur tâche, car deux siècles après, Charlemagne fera venir de Rome des moines pour enseigner le chant d'église aux Français qui étaient en décadence sur ce point [45].

À mesure que l'Église grandissait, les écrits sur la religion se multipliaient, la législation se faisait plus précise, de sorte qu'il devint impossible au clerc de prendre connaissance de tous les ouvrages de ses devanciers. C'est alors qu'apparurent des *abrégés* des écrits précédents. Les collections canoniques commencèrent à se former. On traduisit les conciles orientaux pour le bénéfice de l'Église latine. On eut de la sorte les versions espagnole ou isidorienne, italique et dionysienne pour ne mentionner que les premières collections [46].

En résumé, nous voyons à cette époque tout ce qui constituera plus tard les études cléricales. Le progrès ne fut pas continu. Les invasions des Barbares, en particulier, contribuèrent à retarder, et sur quelques points, à faire reculer ce mouvement. Quand la paix arrivera avec Charlemagne, le temps sera mûr pour une réforme.

---

[44] Leclercq, « Chant romain et grégorien, » — *Dictionnaire d'archéologie*, T. III, V. II, 175; Fliche—Martin, *Histoire de l'Église*, V. V., Brehier—Aigrain, *Grégoire le Grand, les États barbares et la conquête arabe* (590-757) (Paris: Bloud & Gay, 1938), p. 34.

[45] Fliche—Martin, *Histoire de l'Église*, V. VI, *L'Époque carolingienne*, Amann (Paris: Bloud & Gay, 1938), p. 82.

[46] Van Hove, *Prolegomena*, p. 197.

CHAPITRE II

DE CHARLEMAGNE À LA FONDATION DES UNIVERSITÉS

(VIIIe-XIIe S.)

ARTICLE I

CHARLEMAGNE (742-814)

Pour ce qui est de l'instruction, le règne de Charlemagne marque un progrès sur les deux siècles précédents. L'empereur eut toujours à cœur d'avoir un peuple et un clergé instruits. Au début de son règne, il écrivit une lettre aux évêques et aux abbés de son royaume pour leur annoncer ses projets de réforme. Selon lui, la culture des lettres était négligée même chez ceux qui auraient dû le plus s'en occuper. Il s'exprimait en ces termes:

> En ces dernières années, nous avons souvent reçu de divers monastères des lettres nous informant que les religieux de ces maisons priaient pour nous. Nous avons remarqué dans la plupart de ces lettres que, en dépit de la justesse des pensées, l'expression était souvent inculte.

En conséquence, il demanda aux diocèses et aux monastères de s'occuper de l'instruction et de l'enseignement du peuple [1]. Il imposa aux parents l'obligation d'envoyer leurs enfants à l'école. « Que chacun, dit-il, envoie son fils étudier les lettres et que celui-ci y reste fidèlement jusqu'à ce qu'il soit bien instruit »[2]. Le programme des classes devait couvrir les

---

1 *MGH*, *Legum section II*, *Capitularia Regum Francorum*, *T. I* (A. Boretius, Hannoveræ, 1908), 79; cité par la suite *Capit.*

2 *MGH*, *Leges*, *T. I*, *Capitula Regum Francorum*, (G. H. Pertz, Hannoveræ, 1835), 65; cité par la suite *Leges.*

psaumes, les éléments de la musique, le chant, le calcul et la grammaire. On ne devait mettre entre les mains des élèves que des manuels composés par des auteurs catholiques [3]. L'éducation qu'on appellerait aujourd'hui secondaire comprenait les Sept Arts libéraux. Les manuels en usage étaient ceux de Capella, Cassiodore, Isidore de Séville, auxquels on ajouta ceux d'Alcuin et de Raban Maur [4]. Pour ce qui est de la langue grecque, il semble qu'à cette époque ceux qui l'étudiaient étaient peu nombreux [5].

Dans sa réforme, Charlemagne n'oublia pas de légiférer sur la science du clergé. Il donna à maintes reprises dans ses capitulaires un programme à suivre. Tout prêtre devait connaître le symbole de saint Athanase et les autres articles de foi, l'oraison dominicale avec les explications nécessaires, l'épître pastorale de saint Gélase; en outre, il devait connaître les cérémonies de la messe et le chant de l'office, le rituel de l'exorcisme et le comput ecclésiastique [6].

Parmi les devoirs des pasteurs sur lesquels Charlemagne se permettait d'insister, la prédication avait la première place. Très souvent il demandera aux évêques comment les simples prêtres s'acquittent de ce devoir. Le baptême, le symbole des apôtres et la Trinité devaient être les sujets de l'enseignement donné dans la chaire [7]. Pour faciliter au clergé l'accomplissement de ce devoir, il chargea Paul Warnefrid (Paul le Diacre), moine du Mont-Cassin, de composer un sermonnaire. Celui-ci recueillit dans les Pères de l'Église les sermons qui lui paraissaient les meilleurs et les distribua sur toute l'année ecclésiastique tout en corrigeant soigneusement les erreurs. Les prédicateurs se trouvaient de la sorte à avoir un sermon pour chaque occasion [8]. Alcuin, associé de Charle-

---

[3] *MGH*, *Leges*, I, 65.

[4] McCormick, *History of Education*, p. 101.

[5] Laistner, *Thought and Letters in Western Europe: A. D. 500 to 900* (London: Methuan & Co. Ltd., sans date), p. 191-201.

[6] *MGH*, *Leges*, I, 107; *MGH*, *Capit.*, I, 109.

[7] *MGH*, *Leges*, I, 124, 171; *Capit.*, I, 106.

[8] Laistner, *op. cit.*, p. 152; *MGH*, *Capit.* II, 80.

magne dans la réforme de l'enseignement, composa un ouvrage spécialement à l'usage du clergé. Raban puisa largement dans les œuvres de saint Isidore et du Vénérable Bède ainsi que dans l'ouvrage d'Augustin sur la doctrine chrétienne. Selon lui, le prêtre devait connaître les Écritures, l'histoire, l'herméneutique et même la thérapeutique; il devait pouvoir s'exprimer élégamment, et mettre à la base de tout une vie honnête et des mœurs au-dessus de tout reproche [9].

Tout ce qui a été dit plus haut s'applique tant au clergé séculier qu'au clergé régulier. Pour ce qui est des moines, il n'y a presque pas de législation spéciale, sauf que la connaissance des canons était particulièrement requise des abbés [10].

Telle fut, en résumé, les principaux points de la législation du grand empereur en ce qui concerne l'éducation: établissement des écoles, encouragement donné à la culture littéraire, composition de sermonnaires et de manuels, et réforme liturgique. Tous ces efforts ne se continuèrent pas au même degré sous ses successeurs [11].

Article II

Les successeurs de Charlemagne

Louis le Pieux ou le Débonnaire († 840) hérita de son père la couronne impériale. L'observation de la règle chez les religieux fut l'objet de ses préoccupations. Les moines durent apprendre par cœur la règle monastique, et surtout l'observer [12]. Il trouvait que le fait d'admettre dans l'enceinte du monastère les enfants qui se destinaient au monde n'allait pas sans abus: c'est pourquoi il défendit aux moines de les recevoir [13]. Toutefois, il ne faudrait pas conclure de là que les

---

9 Raban Maur, *De clericorum institutione* — *MPL*, CVII, 378.

10 *MGH*, *Leges*, I, 66; *Capit.*, I, 100.

11 Kane, *An Essay toward a History of Education considered chiefly in its Development in the Western World*, (Chicago: Loyola University Press, 1935), p. 115.

12 *MGH*, *Capit.*, I, 201.

13 *Loc. cit.*

moines cessèrent d'enseigner à ceux qui voulaient embrasser la vie séculière. Voici ce que Laistner dit à ce sujet:

> The ordinance of Louis vas interpreted in such a way that the oblates and the other pupils were kept separate and taught in different places. This arrangement is most clearly demonstrated at St. Gall, where after the completion of the new buildings, the oblate school *(schola claustri)* was inside the monastery while the *schola exterior* was one of the outer buildings on the north [14].

À la même époque, un synode à Rome (826) renouvela l'obligation de construire des écoles, non seulement dans chaque diocèse mais aussi dans les autres lieux propices à leur établissement [15]. Ce règlement forçait les moines à se livrer davantage aux études non seulement théologiques mais aussi profanes, car le synode recommandait spécialement la culture des lettres et des arts libéraux. En conséquence, les moines se relachèrent de la sévérité de l'époque précédente en ce qui concerne ces études. Ainsi, l'on voit un commentateur de la règle de saint Benoît, Hildemar, approuver explicitement les études profanes pour les religieux [16].

Au milieu du IXième siècle, Louis II de Germanie porta une loi qui ressemble fort à celles qu'émettait son aïeul. Le prêtre devait connaître ce qu'était le baptême, ainsi que les temps où on pouvait l'administrer; la même chose était requise pour la confirmation et l'eucharistie. Le prêtre devait en outre connaître les divers empêchements de mariage et posséder un sacramentaire, un lectionnaire, un livre de comput, un pénitentiel, un psautier et un homéliaire [17].

---

[14] Laistner, *Thought and Letters in Western Europe*, p. 165.

[15] *MGH*, *Legum Sectio III*, *Concilia Aevi Karolini*, T. II, V. II (A. Werninghoff, Hannoveræ, 1908), 581.

[16] Schroll, *Benedictine Monasticism as reflected in the Warnefrid-Hildemar Commentaries on the Rule* (New York: Columbia University Press, 1941), p. 121.

[17] *MGH*, *Capit.*, I, 439.

Dans les deux siècles qui suivront, la législation sur la formation intellectuelle des clercs n'offre rien de bien important. On allait entrer dans la période la plus sombre des *Dark Ages,* époque qui fut surnommée le siècle de fer. L'anarchie féodale, les invasions des Normands, des Huns et des Sarrasins étaient autant de causes pour retarder le progrès intellectuel. Cependant les écoles monastiques continuèrent leur œuvre dans le silence. Les écoles épiscopales allèrent en se développant jusqu'à se transformer en Universités, ou plutôt *Studia,* comme on les appellera dans les débuts [18].

---

18 Kane, *An Essay toward a History of Education,* p. 115-122.

CHAPITRE III

XIe ET XIIe SIÈCLES: LA SCOLASTIQUE ET LA FONDATION DES UNIVERSITÉS

Article I

La renaissance du XIIe siècle

Le douzième siècle donna la scolastique à l'Église et fut l'aurore d'un renouveau théologique. La paix relative dont jouit l'Europe après les invasions des Normands, le règne des Othons qui établirent l'ordre dans l'Empire germanique, les invasions des Sarrasins qui apportèrent leur civilisation facilitèrent l'éclosion de ce mouvement intellectuel. À cela, on pourrait ajouter les controverses bérangariennes et la querelle des Investitures qui obligèrent les défenseurs de l'Église à fouiller la théologie [1].

Dans les époques précédentes, la théologie n'était pas un système. On a vu plus haut que la science du prêtre d'alors consistait dans l'Écriture et les écrits des Pères. Les écrits de l'époque carolingienne étaient plutôt des compilations. Toutefois, il est juste de remarquer que des auteurs comme Raban Maur et Scot Érigène s'étaient servis de la logique pour expliquer la théologie, mais ce ne devait être que plus tard que la science théologique au sens moderne allait entrer en action [2].

Au onzième siècle, Anselme, moine, puis plus tard archevêque de Cantorbéry, fut un des premiers à mettre la raison au service de la foi. Sa méthode « *fides quærens intellectum* »

---

[1] Kane, *An Essay toward a History of Education*, p. 131; Rashdall, *The Universities in the Middle Ages* (a new edition in 3 volumes edited by F. M. Powicke and A. B. Emdem, Oxford: The Clarendon Press, 1936, I, 33); cité dans la suite *The Universities;* de Ghellinck, *Le mouvement théologique du XIIe siècle* (Paris, 1914), p. 7.

[2] Kane, *op. cit.*, p. 146.

fut le départ d'une orientation nouvelle [3]. Le siècle suivant allait donner à l'Église deux théologiens célèbres: Abélard et Pierre Lombard. Le premier, né près de Nantes en 1079, devint à vingt-cinq ans l'un des plus fameux controversistes de son temps [4]. Les élèves accouraient de tous les points de l'Europe vers Paris pour écouter le nouveau maître. Sainte-Geneviève se trouva de ce fait un endroit d'éducation très réputé, et c'est dans ce sens qu'on peut lier Abélard avec ce qui devait être dans la suite l'Université de Paris [5]. Un de ses ouvrages caractéristiques est le *Sic et Non* qui concilie les contradictions apparentes dans l'Écriture et la Tradition [6]. Ses succès le firent tomber dans l'orgueil et la témérité. Un de ses adversaires les plus acharnés fut saint Bernard que l'on a surnommé « le dernier des Pères ». Celui-ci réussit à le faire condamner au concile de Sens en 1140 [7].

Environ dix ans après la condamnation d'Abélard, paraissait à Paris un ouvrage qui, tout en évitant les témérités d'Abélard, s'inspirait de la même méthode: c'étaient les *Quatuor Libri Sententiarum* de Pierre Lombard. L'ouvrage devint si estimé qu'il fut mis en parallèle avec la Bible au siècle suivant [8]. Il fut approuvé officiellement au quatrième concile de Latran en 1215 [9], et ce n'est qu'au quinzième siècle que la Somme de saint Thomas réussit à le supplanter.

Il n'y eut pas que la théologie qui profita de la nouvelle méthode. Si de France l'on passe en Italie, on voit que l'influence d'Abélard rejaillit sur Gratien qui fit paraître à Bologne,

---

3 Bainvel, « Anselme, » — *Dictionnaire de théologie catholique* (12 tomes en 24 volumes, Paris: Letouzey et Ané, 1903-1935), T. I, V. II, 1327-1360.

4 De Ghellinck, *Le mouvement théologique du XIIe siècle*, p. 99.

5 Rashdall, *The Universities*, I, 277.

6 *MPL*, CLXXVIII, 1339.

7 De Ghellinck, *op. cit.*, p. 163.

8 De Ghellinck, *op. cit.*, p. 2.

9 Mansi, *Sacrorum Conciliorum Nova et Amplissima Collectio* (53 tomes en 59 vols, Paris—Leipzig—Arnhem), XXII, 985.

vers 1140, la *Concordia discordantium canonum* [10]. Ce dernier marchait un peu sur les traces d'Irnérius qui, dans la même ville, à la fin du onzième siècle, avait ouvert la voie en expliquant tout le droit romain [11]. Gratien se donna pour but de compiler la législation de l'Église et surtout de réconcilier entre eux des textes qui semblaient contradictoires. Il donne d'abord une série de textes en faveur d'une opinion, soulève une objection tirée d'autres textes, puis propose une solution. Quoique l'ouvrage de Gratien n'ait jamais été approuvé officiellement, il acquit une autorité semi-officielle. Il fut le manuel par excellence; cité à profusion par les papes et les tribunaux, il jouit d'une grande renommée [12]. L'influence d'Irnérius et de Gratien contribua à faire de Bologne l'une des plus grandes Universités d'Europe au Moyen Âge en ce qui concerne la science juridique.

Article II

Les Universités

Originairement le mot *université* signifie collectivité. En droit romain, c'était l'équivalent de *collegium* que l'on peut traduire par le mot moderne de corporation. Au commencement du XIIIe siècle, on trouve ce mot pour désigner des associations de professeurs ou d'étudiants: *universitas scholarium*, *universitas magistrorum*. Ce qui correspondait au mot moderne d'université, c'était le *studium generale*. D'une origine assez obscure, les *studia* furent le développement des écoles cathédrales [13], et l'occasion de leur fondation fut souvent le courant intellectuel qui s'établit dans telle ou telle ville grâce à la

---

10 Kuttner, « The Father of the Science of Canon Law, » — *The Jurist*, I (1941), 3.

11 Kuttner, *art. cit.*, 15-16.

12 Van Hove, *Prolegomena*, p. 166.

13 Rashdall, *The Universities*, I, 29.

renommée d'un maître, comme Abélard et Guillaume de Champeaux à Paris, et Irnérius avec Gratien à Bologne [14].

Établis d'abord par l'autorité privée, les *studia*, à partir du milieu du XIIIe siècle, devaient être fondés par le pape ou l'empereur [15]. Ces *studia generalia*, érigés par le pouvoir impérial ou papal, avaient le privilège de donner à leurs gradués la *licentia ubique docendi*, certificat qui permettait, en théorie, d'enseigner sans nouvel examen dans un autre *studium*. Ce droit ne fut pas toujours respecté et les *studia* trouvaient souvent un prétexte pour exiger un nouvel examen d'un professeur qui avait obtenu une licence d'un autre *studium*. Oxford et Padoue, qui avaient été fondés avant qu'on eût établi des restrictions pour la licence, avaient le privilège de donner ce certificat *ex consuetudine* [16]. La licence devait se donner gratuitement à partir d'Alexandre III. Exiger de l'argent était considéré comme de la simonie. La défense portée d'abord pour Paris fut étendue aux autres *studia* au IIIe concile de Latran [17].

A. *Paris*

Comme il a été dit plus haut [18] l'influence de maîtres tels qu'Abélard, Guillaume de Champeaux et Hugues de Saint-Victor attira à Paris une foule d'étudiants en théologie. Le mouvement se continua dans la suite, et les professeurs sentirent le besoin de se grouper en corporation. C'est vers 1170 que les documents font pour la première fois mention de ce fait [19]. Quarante-cinq ans après, en 1215, Innocent III donnait

---

14 Kane, *An Essay toward a History of Education*, p. 151.

15 Rashdall, *The Universities*, I, 8.

16 Rashdall, *op. cit.*, I, 10.

17 Post, « Alexander III, The *Licentia Docendi* and the Rise of the Universities, » — *Anniversary Essays in Mediæval History by the Students of Charles Homer Haskin* (Boston — New York: Houghton Mufflin Co., 1929), pp. 255, 270.

18 P. 19.

19 Rashdall, *op. cit.*, I, 291.

à l'Université ses premiers statuts qui la constituaient en personne morale. Déjà à cette époque, la théologie, les arts et le droit formaient des facultés séparées; la médecine devait venir plus tard.

Le programme de la faculté des arts comprenait pour le baccalauréat la grammaire, la logique et la psychologie; pour la licence, on ajoutait la philosophie naturelle et la métaphysique. La maîtrise couvrait la morale et un complément de philosophie naturelle [20]. L'auteur suivi était Aristote [21]. Le haut Moyen Âge n'avait connu que sa Logique mais les invasions des Maures introduisirent en Europe ses autres ouvrages. Condamné en 1235, Aristote ne tarda par à réapparaître, et peu après, on enseignait sa métaphysique et son traité sur l'âme [22].

Le cours des arts terminé, le candidat qui se destinait au sacerdoce était prêt à entreprendre l'étude de la théologie. Pour avoir un grade en théologie, il était nécessaire d'avoir passé par la faculté des arts [23]. Au début, huit ans d'études conduisaient à la maîtrise, puis on demanda seize ans de résidence. Par la suite, on réduisit considérablement ce nombre d'années [24]. L'étudiant était d'abord bachelier biblique, puis sententiaire. Sa licence reçue, les maîtres se prononçaient sur son admission à la maîtrise [25]. L'année scolaire comprenait neuf mois complets, soit deux semaines de moins que dans la faculté des arts [26].

L'Université de Paris eut une grande importance dans le champ des études sacrées, à tel point que l'on a pu écrire que faire l'histoire de la faculté de théologie de Paris était faire

---

20 Rashdall, *The Universities*, I, 70.

21 Rashdall, *loc. cit.*

22 Rashdall, *op. cit.*, I, 442.

23 Feret, *La faculté de théologie de Paris et ses docteurs les plus célèbres: le Moyen Âge* (4 vols, Paris, 1894-1899), I, 191.

24 Feret, *op. cit.*, I, 45.

25 Rashdall, *op. cit.*, I, 472.

26 Rashdall, *op. cit.*, I, 489.

l'histoire de toute la théologie[27]. Elle fut en effet le centre de tous les mouvements théologiques et abrita presque tous les grands docteurs du Moyen Âge. À partir de Louis XI, elle devint de plus en plus nationale; les démêlés de Philippe IV et de ses successeurs avec la Papauté contribuèrent à en faire le château-fort de la résistance gallicane. De plus en plus elle subit l'influence des rois et du Parlement à partir de François I, Henri IV et surtout Louis XIV, et la Révolution française acheva sa sécularisation.

B. *Bologne*

Si Paris fut la plus célèbre des universités pour ce qui regarde l'étude de la théologie, Bologne l'emportait pour le droit canon, grâce aux deux juristes Irnérius et Gratien. Comme *studium* des arts Bologne remonte au Xe siècle[28]. Les professeurs ne se constituèrent en corporation qu'environ deux siècles plus tard[29]. Ce qui fit l'originalité de ce *studium* ce fut que les élèves eux-mêmes, et non les professeurs, se constituèrent en université. Pour comprendre ce fait, il faut se rappeler le concept du droit romain relativement aux personnes. Les individus à Rome étaient soumis soit au *ius civile,* soit au *ius gentium,* selon qu'ils étaient citoyens ou *peregrini.* Les Barbares conservèrent cette institution, et c'est ainsi que les clercs furent jugés d'après le droit romain, et acquirent de la sorte le *privilegium fori.* À Bologne, les étudiants étrangers, étant assez nombreux, se groupèrent en associations pour protéger leurs droits et pour relever au point de vue civil des lois de leurs pays respectifs. Frédéric I agissant d'après cette idée accorda aux étudiants la faculté de se faire juger par leurs professeurs au lieu de se faire juger par les tribunaux des pays où ces étudiants se trouvaient[30].

---

27 Feret, *La faculté de théologie de Paris et ses docteurs les plus célèbres: Époque moderne* (4 vols, Paris, 1900-1906), I, vi.

28 Rashdall, *The Universities*, I, 108.

29 Rashdall, *op. cit.*, I, 149.

30 Auth. 14 (13. 15).

Les étudiants étaient groupés en deux associations: *Universitas ultramontanorum* et *universitas citramontanorum,* chacune d'elles comprenant un certain nombre de nations. Les étudiants qui étaient citoyens de Bologne ne faisaient pas partie de l'université parce qu'ils relevaient de la ville elle-même, et non d'une autre juridiction civile. Le but de ces corporations était de promouvoir la charité fraternelle, de procurer aux membres des secours spirituels et temporels [31].

Chacune des deux universités avait à sa tête un recteur et la congrégation des deux universités dirigeait toute l'organisation. Cette association devint bientôt toute-puissante. D'abord, les recteurs appelèrent à leur tribunal toutes les causes civiles où un de leurs sujets était demandeur ou défendeur, et le gouvernement de Bologne était bien obligé de consentir à cet arrangement pour conserver les étudiants dans cette ville. Les professeurs eux-mêmes étaient soumis aux recteurs car ceux-ci pouvaient ordonner des grèves [32].

Le temps requis pour avoir un titre en droit variait selon que l'on étudiait le droit romain ou le droit canon. En droit civil, après cinq ans d'études, l'étudiant était créé bachelier avec droit de donner des cours sur un titre des Pandectes. Après sept ou huit ans, on devenait docteur. En droit canon, le baccalauréat se donnait après quatre ans de scolarité. Deux ans de plus donnaient droit au doctorat. Il fallait en tout dix années pour obtenir un doctorat *in utroque* [33], soit deux ans de plus qu'à Padoue [34].

Les autres *studia* qui dans la suite couvrirent l'Europe modelèrent leur organisation soit sur Paris, soit sur Bologne. Les *studia* fondés par les religieux pour l'éducation de leurs membres suivirent le programme en vigueur dans les principales universités.

---

31 Rashdall, *The Universities*, I, 159.

32 Rashdall, *op. cit.*, I, 177, 187.

33 Rashdall, *op. cit.*, I, 221.

34 Kurtscheid, « De utriusque iuris studio sæculo XIII, » — *Acta congressus iuridici internationalis 1934* (5 vols, Romæ: Apud Libr. Pont. Inst. Utriusque Iuris, 1935-37), II, 337.

CHAPITRE IV

DU XIIIᵉ SIÈCLE AU CONCILE DE TRENTE

Article I

Divers règlements concernant les études

Avec la fondation des universités on vit apparaître dans l'Église une nouvelle forme de communautés religieuses. Jusque là, les Ordres avaient mis l'accent sur le culte divin. Saint François et saint Dominique envisagèrent plutôt le côté social. Les Frères Mineurs voulurent évangéliser les pauvres, et les Prêcheurs se dépensèrent à combattre l'hérésie albigeoise. Ce but apostolique eut pour conséquence de porter les religieux à l'étude des sciences sacrées, et ces deux ordres eurent une place prépondérante dans ce champ pendant les siècles qui suivirent. C'est ainsi que presque aussitôt fondés les Dominicains avaient des couvents à Paris, à Bologne et à Oxford pour l'instruction de leurs membres [1]. Moins d'un siècle après la naissance de leur ordre, les Franciscains comptaient 21 *studia* dans les principales villes universitaires de l'Europe. telles que Paris, Oxford, Toulouse, Bologne, Salamanque, etc [2].

L'Université de Paris accueillit d'abord favorablement les Mendiants, mais dans la suite elle prit ombrage de ce qu'ils attiraient à leurs cours bon nombre d'étudiants qui n'appartenaient pas à ces ordres. En 1251, l'université voulut restreindre le nombre de maîtres en théologie des deux ordres et exigea de ceux-ci le serment d'obéissance aux statuts [3]. L'opposition alla sans cesse en grandissant. Le célèbre ouvrage de Guillaume de Saint-Amour, *Tractatus de periculis novissimorum temporum,*

---

1 Rashdall, *The Universities*, I, 447.

2 *Bullarium Franciscanum* (incepit Ioannes Hyacinthus Sparalea, continuavit Conradus Eibel, 7 vols et 1 suppl., Romæ — Ad Claras Aquas, 1759-1908), I, 31; cité par la suite *Bull. Franc.*

3 Rashdall, *op. cit.*, I, 375.

mit le comble à l'agitation. Les Mendiants étaient même attaqués dans les rues [4]. Mais ils furent assez heureux d'avoir dans la personne d'Alexandre IV un puissant protecteur. Il régla que les maîtres en théologie des réguliers devaient être admis au *consortium* des maîtres de l'université, et leurs auditeurs étaient considérés comme membres de l'université [5]. Cependant l'opposition ne cessa pas complètement, mais Alexandre tint bon et envoya lettres sur lettres à Paris. Un an après, il réprimanda vertement Guillaume et les principaux agitateurs, et leur reprocha leur désobéissance [6]. Le 17 juin 1256, il le priva de tout bénéfice ecclésiastique [7] puis lui interdit de séjourner dans le royaume de France [8]. Il alla même jusqu'à avertir l'université de Bologne de ne pas écouter Guillaume au cas où celui-ci irait prêcher dans cet endroit [9]. L'agitation se calma peu à peu. Le pape suivant se montra moins favorable aux Mendiants mais on finit par adopter de part et d'autre un *modus vivendi* convenable.

Dans les autres universités leur position fut moins discutée. Déjà en 1246, les Franciscains de Dijon avaient obtenu du Pape Innocent IV le privilège pour leurs étudiants de percevoir les fruits de leurs bénéfices en cas d'absence, tout comme s'ils étudiaient à Paris [10]. En 1366, Urbain V fit appel aux Mendiants, ainsi qu'aux Ermites de Saint-Augustin et aux

---

4 Alexander IV, const. « *Dilecti filii* », 4 april. 1256 — Denifle, *Chartularium Universitatis Parisiensis* (4 vols, Parisiis, 1889-1897), I, 308; cité par la suite *Chartularium.*

5 Alexander IV, const. « *Quasi lignum vitæ* », 14 april. 1255 — *Chartularium*, I, 280.

6 Alexander IV, const. « *Quasi lignum vitæ* », 14 april. 1255 — *Chartularium*, I, 308.

7 Alexander IV, const. « *Cunctis processibus* », 17 iunii 1256 — *Chartularium*, I, 319.

8 Alexander IV, const. « *Vere fidei* », 27 iunii 1256 — *Chartularium*, I, 324.

9 Alexander IV, « *Cum propter multiplices* », 24 sept. 1257 — *Chartularium*, I, 367.

10 Innocentius IV, const. « *Inclinati precibus* », 22 iunii 1246 — *Bull. Franc.*, I, 416.

Carmes, pour enseigner au nouveau *studium* de Prague [11]. En 1455, Nicolas VI incorporait le couvent des Franciscains de Prague au *studium* de cette ville [12].

Pour ce qui regarde le programme scolaire de l'époque, les réguliers suivaient celui qui était en vigueur dans les différents *studia* d'alors puisqu'ils eurent de plus en plus à envoyer leurs sujets étudier dans ces centres [13]. En cette matière, les ordonnances des Frères Mineurs et Prêcheurs se ressemblent beaucoup. Ainsi, un chapitre des Dominicains demande aux étudiants de travailler davantage la théologie et de ne pas donner la préférence à la philosophie [14]. Benoît XII demandera la même chose aux Franciscains [15]. Mais il ne faudra pas conclure de là que la philosophie était négligée; un chapitre général des Franciscains, tenu à Naples en 1365, demande trois ans de logique et deux ans de « philosophie » avant que l'on puisse étudier la théologie dans un *studium* général [16]. Chez les Dominicains, un chapitre recommande l'étude de la logique; de même en Allemagne, on fonda trois *studia* spécialement pour l'enseignement de cette science [17].

Comme ces deux ordres attachaient une importance primordiale à la science sacrée, il s'ensuivit que ceux qui distribuaient cette science formaient une classe privilégiée. Ainsi, ils avaient droit à une chambre séparée, et chez les Dominicains, ils pouvaient manger de la viande si leurs forces ne leur permettaient pas de faire abstinence. Chez ces derniers, leur charge était

---

11 Urbanus V, const., « *Etsi sacræ theologiæ* », 10 nov. 1366 — *Bull. Franc.*, VI, 406.

12 Nicolaus VI, const. « *Apostolicæ Sedis* », 26 iunii 1455 — *Bullarium Franciscanum, Series nova* (collegit Ulricus Hüntemann, Ad Claras Aquas: S. Bonaventuræ, 1932 —), I, 856.

13 Rashdall, *The Universities*, I, 371.

14 Reichert, *Acta Capiaulorum generalium O.P.* (9 vols, Romæ, 1898-1904), I, 109.

15 Benedictus XII, const. « *Redemptor Noster* », 28 nov. 1336 — *Bull. Franc.*, VI, 30.

16 « Constituzioni inedite dei Frati minori del XIV Secolo, » — *Miscellanea Francescana di storia, di lettere, di arti*, XXIX (1929), 169.

17 Reichert, *Acta Capitulorum generalium*, I, 109.

si importante qu'ils ne pouvaient pas être élus prieurs. Cette dernière ordonnance fut rappelée dans la suite [18].

Ces quelques exemples suffisent à montrer le parallèle qui existait entre ces deux ordres dans les deux premiers siècles de leur fondation. Avec le développement des études, le Saint-Siège fit de nombreux règlements sur cette matière. On doit à Clément V la création de chaires pour l'enseignement de l'hébreu, de l'arabe et du chaldéen, à Rome, à Oxford, à Paris, à Bologne et à Salamanque. An concile de Vienne, il demanda qu'à chacune de ces universités il y eut deux professeurs catholiques pour chacune de ces langues. En Angleterre et en France, les rois payaient les titulaires de ces chaires; à Rome, c'était le Saint-Siège; à Bologne et à Salamanque, les prélats et les monastères se chargeaient de défrayer les frais de cet enseignement [19]. Au même concile, le même pape demanda aux moines et aux chanoines réguliers d'organiser les études de grammaire et de philosophie dans les monastères où c'était possible [20].

Le successeur de Clément V, Benoît XII, eut particulièrement à cœur le progrès des instituts religieux. Outre la législation rapportée plus haut au sujet des Franciscains [21], il légiféra sur les Bénédictins noirs, les Cisterciens et les Chanoines réguliers de Saint-Augustin. Il demanda aux Cisterciens de fonder des *studia* à Paris, à Oxford, à Toulouse et à Montpellier pour l'étude de la théologie. Chaque monastère comprenant plus de trente religieux devait envoyer à Paris un ou deux étudiants. Il pourvoyait en outre à la formation spirituelle des étudiants en faisant nommer un régent qui était spécialement chargé de cette tâche. Afin que les religieux étudiassent avec plus d'ardeur la théologie il leur défendit d'étu-

---

18 Reichert, *Acta Capitulorum generalium*, I, 13, 75; Benedictus XII, const. « *Redemptor noster* », 28 nov. 1336 — *Bull. Franc.*, VI, 35.

19 C. 1, *de magistris et ne aliquid exigatur pro licentia docendi*, V, 1, in Clem.

20 C. 1, *de statu monachorum vel canonicorum regularium*, III, 10, in Clem.

21 P. 27.

dier le droit canon [22]. Il répéta à peu près la même chose dans les constitutions des Chanoines réguliers, sauf la défense concernant le droit canon. Il leur demanda d'organiser les études de grammaire, de logique et de philosophie dans leurs monastères [23]. Les Bénédictins noirs eurent pratiquement le même règlement [24].

Les réguliers qui quittaient leurs monastères pour raisons d'études devaient rester soumis à leurs supérieurs. Cependant, peu à peu un bon nombre d'étudians et de professeurs en vinrent à se croire indépendants de tout supérieur lorsqu'ils étaient en dehors du cloître, et certains privilèges vinrent confirmer cet état de choses. Pie II voulut porter remède à ces abus et décréta que les professeurs et les étudiants vivant en dehors de leur communauté demeuraient sous la juridiction de leur général respectif, « *quibuscumque studiorum privilegiis non obstantibus* » [25].

Article II

Défense d'étudier les sciences profanes

Avec l'établissement des *studia* et la passion pour le savoir, un bon nombre de religieux et de clercs se livrèrent à l'étude du droit civil et de la médecine. Ce fait était de nature à engendrer bien des abus. Munis d'un diplôme en droit civil ou en médecine, les clercs étaient portés à exercer leur art et à mener une vie étrangère à l'état clérical. Le concile de Reims, en 1131, tenta de porter remède à cette situation. Il défendit aux moines et aux chanoines réguliers d'étudier la médecine et le droit civil. Les prélats avaient l'impérieux devoir de corriger cet état de choses, et ce, sous peine de privation de leur

---

22 Benedictus XII, const. « *Fulgens sicut stella* », 12 iulii 1235 — *Bull. Rom.*, IV, 341.

23 Benedictus XII, const. « *Ad decorem Ecclesiæ* », 15 maii 1339 — *Bull. Rom.*, IV, 433.

24 Benedictus XII, const. « *Summi Magistri designatio* », 20 iunii 1336 — *Bull. Rom.*, IV, 358.

25 Pius II, const. « *Religiosorum excessus* », 17 sept. 1448 — *Bull. Rom.*, V, 143.

office[26]. Huit ans plus tard, le deuxième concile de Latran reproduisait la même législation[27]. Mais les infractions semblent être allées en se multipliant, car Alexandre III crut devoir porter l'excommunication contre les réguliers qui avaient quitté leur maison depuis deux mois pour se livrer à ces études défendues[28]. Le troisième concile de Latran (1179) renouvela la même défense[29]. Enfin, Honorius III publia la fameuse décrétale « *Super speculam* » qui supprimait la faculté de droit civil de l'Université de Paris[30]. Il défendait aussi aux clercs séculiers d'étudier cette science. Honorius III ne supprimait pas toutes les facultés de droit civil mais seulement celle de l'Université de Paris. De plus, la défense était portée seulement pour les religieux et les bénéficiers avec charge d'âmes ou obligés à la résidence[31].

Il ne faudrait pas conclure de là que le droit civil romain fut dans la suite négligé par les religieux. Comme le droit civil romain est très utile à l'interprétation et l'intelligence du droit canon, certaines universités reçurent des privilèges spéciaux, et la coutume adoucit la loi. Les canonistes interprétèrent la défense d'Honorius dans ce sens que les religieux ne devaient pas fréquenter les facultés de droit civil, quand dans leurs monastères, on enseignait cette science[32]. Schmalzgrueber dit que l'étude de cette science est permise aux religieux quand elle est entreprise dans le but de mieux comprendre le droit canon[33].

---

26 Mansi, XXI, 459.

27 Mansi, XXI, 528.

28 C. 3, X, *ne clerici vel monachi sæcularibus negotiis se immisceant*, III, 50.

29 Mansi, XXII, 228.

30 Honorius III, decretal. « *Super speculam* », 16 nov. 1219 — *Chartularium*, I, 90.

31 Kurtscheid, « De utriusque iuris studio sæculo XIII, » — *Acta Congressus Iuridici Internationalis*, II, 339-340.

32 Kurtscheid, *ibid.*, p. 341.

33 Schmalzgrueber, *Jus ecclesiasticum universum brevi methodo ad discentium utilitatem explicatum seu lucubrationes canonicæ in quinque libros decretalium Gregorii IX Pontificis Maximi* (5 tomes en 12 vols, Romæ, 1843-1845), Liv. 3, tit. 50, n. 3.

CHAPITRE V

DU CONCILE DE TRENTE AU CODE DE DROIT CANONIQUE

Article I

La législation du Concile

Pour ce qui est de la formation des clercs, le concile de Trente eut une grande importance. Les décrets sur cette matière étaient surtout faits pour les séculiers, mais ils ne manquèrent pas d'exercer une influence sur les religieux. Comprenant que bien des abus dans le clergé venaient de ce que celui-ci n'avait eu une formation professionnelle convenable, les Pères du concile demandèrent la fondation des séminaires. Dans ces collèges, on devait assembler des jeunes gens d'au moins douze ans qui se destineraient à la prêtrise. Les classes devaient être divisées selon le nombre d'étudiants, leur âge et leur instruction. Le programme des études comprenait la grammaire, le chant ecclésiastique et le comput. Les matières proprement théologiques comprenaient l'Écriture sainte, les homélies, l'administration des sacrements, et des leçons sur les livres liturgiques. On n'oubliait pas le côté spirituel; les jeunes séminaristes devaient assister chaque jour à la messe, etc [1].

Un autre règlement qui contribua, du moins à l'origine, à assurer une science convenable fut la demande d'un examen avant les ordres. Cet examen portait sur l'ordre que l'on allait recevoir [2]. Pour ce qui concerne les réguliers, deux décrets méritent de retenir l'attention. Le premier portait sur l'Écriture sainte. Dans les monastères où la chose était possible et dans les autres couvents des réguliers, les supérieurs devaient nom-

---

1 Conc. Trident., sess. XXIII, *de ref.*, c. 18.

2 Conc. Trident., sess. XXIII, *de ref.*, c. 7; voir aussi cc. 4, 5, 13.

mer des maîtres choisis parmi les plus dignes pour donner des cours sur cette matière. La même demande s'adressait aussi aux évêques [3]. Dans ces cours et ces *disputationes,* la Vulgate devait être le texte officiel et obligatoire [4].

Dans une autre de ses sessions [5], le concile régla que ceux qui quittaient leur maison religieuse pour raisons d'études devaient vivre dans une autre maison religieuse.

En conclusion, on peut dire que si l'on compare la législation actuelle avec celle du concile on voit que le Code est grandement redevable au concile de Trente. Ainsi l'examen avant les ordres est rapporté au canon 996, §1, et la clause au sujet des religieux vivant hors du cloître lorsqu'ils étudient est conservée au canon 587, §4, sans compter la question des séminaires qui fait l'objet du titre XXI du troisième livre.

Article II

De Clément VIII à Léon XIII

Le concile de Trente avait jeté les bases d'une législation qui est encore en vigueur aujourd'hui. Dans la suite, les papes et les congrégations romaines apporteront des précisions mais sans changer substantiellement les ordonnances du concile. Clément VIII fut l'un des premiers à ajouter à cette législation. Dans un décret adressé aux Servites, il leur ordonna d'avoir deux fois par semaine une conférence sur des cas de conscience ou sur l'Écriture sainte. Cette conférence devait avoir lieu dans tous les couvents de l'Ordre et tous les religieux étaient tenus d'y assister. La conférence devait être suivie d'une discussion [6]. Il rappela aussi que tous les religieux

---

[3] Conc. Trident., sess. V, *de ref.*, c. 1.

[4] Conc. Trident., sess. IV, *de editione et usu sacrorum librorum.*

[5] Sess. XXV, *de ref.*, c. 4.

[6] Clemens VIII, decr. «*Nullus omnino*», 25 iulii 1590, §1 — *Fontes*, n. 187.

avaient le devoir d'assister à l'office divin, mais il déclara que les professeurs et les étudiants avaient une raison suffisante pour en être dispensés [7]. Enfin, on ne devait promouvoir aux charges et aux offices de l'Ordre que ceux qui observaient les règles de la communauté, en particulier le service du chœur et la vie commune [8].

Plus importante dans sa portée et plus détaillée dans ses provisions fut la constitution « *Cum ad regularem* » du même pape. Elle portait particulièrement sur la formation des novices et des jeunes religieux. On ne devait recevoir comme aspirants au sacerdoce que ceux qui avaient une science littéraire convenable ou qui donnaient l'espoir de l'acquérir. Les autres devaient être admis comme convers seulement [9]. Après leur noviciat, les uns et les autres devaient résider dans un endroit séparé des autres profès, et où la règle serait parfaitement observée. Là, les jeunes aspirants au sacerdoce devaient se livrer aux études sous la direction d'un maître d'au moins trente-cinq ans d'âge et dix ans de profession religieuse [10]. Le pape rappelait aussi à la mémoire des supérieurs les canons du concile de Trente [11] sur les conditions requises pour l'admission aux ordres mineurs et majeurs [12].

Le deuxième successeur de Clément VIII, Paul V, légiféra sur l'enseignement des langues mortes. Clément V avait ordonné l'enseignement des langues bibliques dans les principales universités de l'époque [13]. Paul V demanda en outre l'établissement de chaires de grec et de latin dans tous les

---

7 Clemens VII, decr. « *Nullus omnino* », 25 iulii 1590, prœmium — *Fontes*, n. 187.

8 *Ibid.*, §23.

9 Clemens VIII, const. « *Cum ad regularem* », 19 mart. 1603, §4 — *Fontes*, n. 189.

10 *Ibid.*, §9, §20.

11 Conc. Trident., sess. XXIII, *de ref.*, cc. 4, 5, 11, 12, 13, 14.

12 Clemens VIII, *ibid.*, §4.

13 P. 28.

studia des ordres religieux; les *studia* les plus importants devaient en outre enseigner l'arabe. Les ordres qui n'avaient pas de professeurs suffisamment préparés devaient prendre des professeurs étrangers. Pour la promotion aux charges de l'ordre, on devait préférer, *ceteris paribus,* ceux qui seraient versés dans ces langues [14].

Dans la suite, les décrets des congrégations jusqu'à Léon XIII ne firent que rappeler la législation mentionnée ici. En 1624, la congrégation du Concile ordonna la lecture semi-annuelle de quatre constitutions de Clément VIII, à savoir « *Regularis disciplinæ* », « *Sanctissimus* », « *Nullus omnino* » et « *Cum ad regularem* » [15].

Un peu plus d'un siècle plus tard, en 1752, la Sacrée Congrégation des Évêques et Réguliers, en réponse à un évêque qui voulait obliger les religieux de son diocèse à assister aux conférences ecclésiastiques diocésaines, répondit que si les religieux observaient fidèlement le décret de Clément VIII en cette matière ils n'étaient pas obligés d'assister à ces conférences. Si, au contraire, ils n'observaient pas *ad unguem* le dit décret, ceux qui étaient approuvés par l'évêque pour entendre les confessions devaient se rendre à ces conférences [16].

Au XIXe siècle, la même Congrégation insista sur l'observance de la vie commune dans les communautés religieuses, et en particulier dans les maisons de formation. Les jeunes clercs avaient l'obligation de déposer dans la caisse commune l'argent qu'ils recevaient et ils ne devaient pas en garder plus que ne le permettaient leurs constitutions [17].

---

[14] Paul V, const. « *Apostolicæ servitutis* », 31 iulii 1610 — *Bull. Rom.*, XI, 626.

[15] S.C.C., decr., 21 sept. 1624, §12 — *Fontes*, n. 2454; voir aussi nn. 183, 186, 187, 189.

[16] S.C. Ep. et Reg., 8 nov. 1752 — *Fontes*, n. 1869.

[17] S.C. Ep. et Reg., 22 april. 1851 — *Fontes*, n. 1959.

Article III

Léon XIII et Pie X

De Léon XIII au Code de droit canonique les documents concernant les études des clercs séculiers et réguliers sont assez nombreux. Cette insistance des papes s'explique peut-être par le modernisme qui ravageait l'Église et les obligea à prendre des mesures assez sévères pour l'enrayer. Les règlements touchent diverses questions telles que l'enseignement de l'Écriture sainte, la doctrine de saint Thomas, la durée des études, etc. Un bon nombre de ces prescriptions ont conservé leur force après le Code et elles seront rapportées en détail dans la deuxième partie de cette dissertation.

II

COMMENTAIRE CANONIQUE

CHAPITRE VI

LA MAISON D'ÉTUDES

Article I

Obligation d'établir une maison d'études; sa nature juridique

Canon 587, §1. Quælibet clericalis religio habeat studiorum sedes a Capitulo generali vel a Superioribus approbatas, firmo præscripto can. 554, §3 [1].

Le Code donne seulement une règle très générale, sur la maison d'études des religieux: chaque communauté cléricale doit avoir une maison d'études approuvée par le chapitre général ou par les supérieurs. Cette maison, que l'on appelle communément séminaire, scolasticat ou *studium,* est établie pour l'instruction des jeunes religieux qui se préparent à la prêtrise en étudiant la philosophie et la théologie [2]; mais les supérieurs doivent aussi par la fondation d'une maison d'études secondaires pourvoir à l'instruction des jeunes gens qui veulent se joindre à la communauté [3]. La règle donnée ici est à dessein très générale à cause de la diversité des instituts religieux [4]. Les uns ont beaucoup de membres et sont répandus dans le monde entier, d'autres n'ont que peu de religieux; les uns ont une organisation centralisée tandis que chez les autres

---

1 Le canon 554, §3 demande de n'employer dans les noviciats que des religieux exemplaires; voir p. 123.

2 Schæfer, *De religiosis* (3 ed., Romæ: S.A.L.E.R., 1940), p. 632.

3 Pius XI, ep. ap. « *Unigenitus Dei Filius* », 19 mart. 1924 — *AAS*, XVI (1924), 140-141; Agathangelus a Langasco, *De institutione clericorum in disciplinis inferioribus* ([Romæ:] Typis Polyglottis Vaticanis, 1936), p. 144, nota 3.

4 Oesterle, « De ratione studiorum in religionibus clericalibus, » — *CpR*, VI (1925), 296.

chaque maison est indépendante. Le Code est beaucoup plus précis lorsqu'il s'agit du noviciat [5].

Le mot « *habeat* » du canon 587, §1 indique qu'il y a une réelle obligation de la part de chaque institut de fonder un scolasticat au moins pour les études philosophiques et théologiques [6]. De plus, le troisième paragraphe du même canon montre que, quand l'institut est divisé en provinces, il est normal que chaque province fonde une maison d'études [7].

Quoique chaque communauté doive s'efforcer d'observer cette loi, ce n'est certainement pas l'esprit de l'Église de fonder une maison d'études au prix de graves inconvénients, comme ce serait le cas si toutes les ressources de la communauté ou d'une province étaient mobilisées pour établir ou maintenir un séminaire [8]. Il vaut mieux aussi envoyer les jeunes religieux étudier ailleurs que d'avoir une maison d'un niveau scolaire peu élevé [9]. D'un autre côté, la pénurie de professeurs n'est pas une raison suffisante pour ne pas avoir de séminaire si l'insti-

---

[5] Can. 554, §1. « Erigatur domus novitiatus ad normam constitutionum; si vero agatur de religione iuris pontificii, ad eam erigendam necessaria est licentia Sedis Apostolicæ ».

§2. « Plures in eadem provincia novitiatus domus, si religio in provincias divisa sit, designari nequeunt, nisi gravi de causa et cum speciali apostolico indulto ».

[6] Schæfer, *De religiosis* p. 631; Agathangelus a Langasco, *De institutione clericorum in disciplinis inferioribus*, p. 144.

[7] §3. « Si religio aut provincia studiorum domos rite instructas habere nequeat, aut si quas habet, adire, Superiorum iudicio, difficile sit, religiosi alumni mittantur vel ad recte ordinatam studiorum sedem alius provinciæ aut religionis, vel ad scholas Seminarii episcopalis, vel ad publicum catholicum athenæum »; cf. Schæfer, *De religiosis*, p. 632.

[8] Vermeersch—Creusen, *Epitome iuris canonici* (3 vols, 5 et 6 ed., Mechliniæ—Romæ: Dessain, 1934-37), I, 537. Cet ouvrage sera cité par la suite *Epitome*.

[9] Vermeersch—Creusen, *ibid.;* Augustine, *A Commentary on Canon Law* (8 vols, St. Louis, Mo: B. Herder Book Co.), III (5. ed., 1938), 295; cité par la suite *Commentary*.

tut peut engager des professeurs étrangers sans grave inconvénient financier [10].

Cette maison d'études n'est pas un séminaire au sens strict. Un séminaire est une maison où se préparent les jeunes gens qui veulent devenir prêtres séculiers [11]. En conséquence, la maison d'études des religieux n'est pas de soi exempte de la juridiction du curé comme c'est le cas pour un séminaire au sens strict [12]. Cependant, si le scolasticat appartient à une communauté cléricale exempte, il se trouve par le fait même en dehors de la juridiction du curé; et si le scolasticat appartient à une communauté cléricale mais non exempte, le supérieur a le droit et le devoir d'administrer le Viatique et l'Extrême-Onction aux novices et aux profès ainsi qu'aux autres personnes qui résident nuit et jour dans cette maison: domestiques, élèves, hospitalisés, etc [13]. Le scolasticat est aussi exempt de la paroisse pour ce qui est des funérailles [14]. Pour le sacrement de Pénitence, le supérieur d'une communauté cléricale exempte nomme un certain nombre de confesseurs avec le pouvoir d'absoudre les cas réservés dans la communauté [15].

Dans les communautés cléricales non exemptes, les confesseurs reçoivent leur juridiction de l'évêque sur présentation du supérieur, et si la maison est une maison formée, comme c'est le cas d'une maison d'études, l'évêque ne peut pas enlever la juridiction à tous les confesseurs de cette maison sans consulter le Saint-Siège [16]. De plus, bon nombre de commu-

---

10 Matthæus Conte a Coronata, *Institutiones iuris canonici* (5 vols, 2 ed., Taurini: Marietti, 1939), I, 774; cité par la suite *Institutiones*.

11 Can. 1354.

12 Can. 1368. « Exemptum a iurisdictione parœciali Seminarium esto; et pro omnibus qui in Seminario sunt, parochi officium, excepta materia matrimoniali et firmo præscripto can. 891, obeat Seminarii rector eiusve delegatus, nisi in quibusdam Seminariis fuerit aliter a Sede Apostolica constitutum »; cf. Augustine, *Commentary*, VI (3. ed., 1931), 405.

13 Can. 514, §1.

14 Can. 1221.

15 Can. 518, §1.

16 Can. 880, §3.

nautés cléricales non exemptes ont un privilège permettant aux supérieurs majeurs de donner eux-mêmes juridiction pour entendre les confessions des religieux de leur ordre [17].

La seule différence pratique entre les pouvoirs respectifs des supérieurs de séminaire et de maison d'études de religieux est en ce qui concerne le jeûne et l'abstinence, ainsi que l'observance du précepte dominical. Le supérieur d'un séminaire a le pouvoir de dispenser ses sujets, dans des cas particuliers, du précepte dominical, du jeûne et de l'abstinence [18]. Le supérieur d'une maison religieuse n'a pas ce pouvoir. Si la maison appartient à une communauté exempte, le supérieur local peut recevoir ce pouvoir de son supérieur majeur [19]. Si la maison appartient à une communauté cléricale mais non exempte, le supérieur local n'a pas la faculté de dispenser du précepte dominical ou du jeûne et de l'abstinence. C'est peut-être un illogisme, vu qu'une maison religieuse cléricale est exempte de la paroisse. Le supérieur local peut demander ce pouvoir à l'ordinaire ou même au curé [20]. Très souvent, le droit particulier donne cette faculté aux supérieurs locaux [21].

Tout scolasticat religieux jouit d'un autre privilège. C'est l'exemption de la taxe pour le séminaire ou *tributum seminaristicum* comme l'appelle le Code [22]. Tous les canonistes, ex-

---

17 Par exemple les Oblats de Marie-Immaculée, la Congrégation de Ste-Croix.

18 Cc. 1245, §1 ; 1368.

19 Can. 1245, §3 ; cf. Coronata, *Institutiones*, III, 130.

20 Schæfer, *De religiosis*, p. 238.

21 V.g. : *Acta et Decreta synodi dioecsanæ Quebecensis (post promulgatum Codicem I.C.) secundæ* (Quebeci : Cancellaria Curiæ Metropolitanæ, 1940), decretum 342 : « Facultatem dispensandi a lege ieiunii et abstinentiæ in conscientia in singulis casibus exercendam, delegamus... 2° Rectori, consiliariis, directoribus et confessariis sive communibus sive particularibus Seminariorum et collegiorum ecclesiasticorum, intuitu omnium qui in Seminario aut collegio sunt ».

22 Can. 1356, §1. « Tributo pro Seminario obnoxia sunt, quavis appelatione remota, reprobata qualibet contraria consuetudine et abrogato quolibet contrario privilegio,... quælibet religiosa domus, etsi exempta, nisi solis eleemosynis vivat aut in ea collegium discentium vel docentium ad commune Ecclesiæ bonum actu habeatur ».

cepté Augustine, reconnaissent qu'un scolasticat de communauté jouit de ce privilège. Ce dernier dit qu'une telle maison est soumise à la taxe si « *the college is intended only for members of the respective religious family, a so-called scholasticate, for such institutions are primarily destined for the benefit of the respective order or congregation, not of the Church at large* »[23]. Pour prouver son avancé, il rapporte deux réponses de la Congrégation du Concile qui semblent indiquer que ces maisons sont sujettes à la taxe [24]. Cependant les deux cas rapportés ne touchent pas directement la question. Certaines maisons revendiquaient le privilège parce que de temps en temps on tenait dans ces maisons des conférences ecclésiastiques où l'on discutait des cas de conscience, ou encore parce que certains religieux donnaient des leçons de grammaire à d'autres religieux ou à des étrangers. Ces maisons n'étaient pas des maisons d'études mais des maisons ordinaires où, à l'occasion, on donnait quelques cours. Pallotini explique de cette manière les décisions rapportées et il cite une autre résolution pour prouver son opinion [25]. Vermeersch-Creusen interprètent aussi en ce sens les résolutions de la Congrégation du Concile [26]. On pourrait aussi apporter l'autorité de Pie V qui a écrit que les noviciats et les maisons d'études des religieux devaient être regardés comme des séminaires au même titre que les séminaires fondés pour l'éducation du clergé séculier [27].

---

23 Augustine, *Commentary*, VI, 385.

24 S.C.C., 3 ian. 1594, 24 april. 1723 — Pallotini, *Collectio omnium conclusionum quæ in causis propositis apud S. Congr. Cardinalium S. Concilii Tridentini interpretum prodierunt ab anno 1564 ad annum 1860* (17 vols, Romæ, 1868-1893), XVI, 257, n. 108; 263, n. 143.

25 S.C.C., *in Bracharen* — Pallotini, *Collectio*, XVI, 257, n. 109.

26 Vermeersch—Creusen, *Epitome*, II, 479; voir aussi Pejska, *Ius canonicum de religiosis* (3 ed., Friburgi Brisgoviæ: Herder & Co., 1927), p. 161.

27 Pius V, const. « *Romanus Pontifex* », 3 oct. 1567 — *Bull. Rom.*, VII, 614; cf. Wernz—Vidal, *Ius canonicum* (7 tomes en 8 vols, Romæ: Apud Aedes Universitatis Gregorianæ, 1923-1938) T. IV, P. II, 113.

Pour ce qui est de la fondation de cette maison d'études, on doit observer le canon 497, §1 [28]. Mais si on organise une école de cette sorte dans une maison déjà canoniquement fondée, le consentement de l'ordinaire et du Saint-Siège n'est pas requis [29]. Cette maison ne dépend pas de la Congrégation des Séminaires et Universités mais de la Congrégation des Religieux [30].

Dans l'ancien droit, les scolastiques ne devaient pas vivre avec les autres profès, mais ils devaient occuper une place séparée dans la maison [31]. Comme le Code ne rapporte pas cette législation, elle se trouve abrogée [32].

Article II

La vie commune dans la maison d'études

Canon 587, §2. In studiorum domo vigeat perfecta vita communis; secus studentes ad ordines promoveri nequeunt.

Le Code donne certaines règles disciplinaires au sujet de la maison d'études. La première est la parfaite observance de la vie commune; autrement les étudiants ne peuvent être promus aux ordres. La vie commune que le Code prescrit ici n'est pas la vie commune des clercs séculiers dont il est question au

---

28 Can. 497, §1. « Ad erigendam domum religiosam exemptam, sive formatam sive non formatam, aut monasterium monialium, aut in locis Sacræ Congregationi de Prop. Fide subiectis quamlibet religiosam domum, requiritur beneplacitum Sedis Apostolicæ et Ordinarii loci consensus in scriptis datus; secus, satis est Ordinarii venia ».

29 Can. 497, §4. « Ut constituta domus in alios usus convertatur, eædem sollemnitates requiruntur de quibus in §1, nisi agatur de conversione quæ, salvis fundationis legibus, ad internum regimem et disciplinam religiosam dumtaxat referatur ».

30 Cc. 251, §1; 256, §1; cf. Pejska, *Ius canonicum de religiosis*, p. 161.

31 Clemens VIII, const. « *Cum ad regularem* », 19 mart. 1603, §20 — *Fontes*, n. 189.

32 Blat, *Ius de religiosis et laicis* (3 ed., Romæ: Apud Angelicum. 1938), p. 425 (cité par la suite *De religiosis*); cf. can. 6, 6°.

canon 134, qui est celle de plusieurs prêtres vivant sous le même toit et partageant les mêmes repas [33]. C'est au contraire la vie commune du canon 594, §1 et §2. Elle demande que tout ce qu'un religieux reçoit soit déposé dans la caisse commune, et que tout ce dont un religieux a besoin soit fourni par la communauté de sorte que tous aient la même nourriture, les mêmes vêtements et les mêmes autres articles nécessaires, à moins que le supérieur n'accorde une dispense pour une juste cause comme dans le cas de maladie [34]. Cette vie commune est plus ou moins stricte selon les règlements de chaque institut, comme le vœu de pauvreté lui-même [35]. Dans une même communauté, les observances peuvent différer selon les usages de chaque pays; certaines choses qui peuvent être un luxe ailleurs sont peut-être une nécessité en Amérique [36].

Une des manières les plus fréquentes de violer la vie commune est l'emploi d'argent personnel pour acheter des choses qui ne sont pas données par l'institut. Une somme d'argent possédée par un religieux et que le supérieur ne peut contrôler est appelée en droit *pécule indépendant;* la possession de ce pécule est incompatible avec le vœu de pauvreté des religieux à moins qu'ils ne soient pas traités convenablement par leur supérieur [37]. Une somme d'argent relativement petite appartenant à un religieux et dont le supérieur peut contrôler l'usage s'appelle *pécule imparfait,* et sa possession est contraire à l'esprit du législateur. Cependant quelques canonistes pensent qu'un tel usage n'est pas clairement contre la lettre du Code [38].

Afin d'empêcher l'usage indépendant d'argent personnel par leurs sujets, les supérieurs doivent exercer une vigilance constante et ils doivent aussi procurer le nécessaire à leurs sujets.

---

33 Coronata, *Institutiones*, I, 226.

34 Coronata, *ibid.*, 786; Augustine, *Commentary*, III, 303.

35 Vermeersch—Creusen, *Epitome*, I, 537.

36 Augustine, *ibid.*, III, 304.

37 Augustine, *ibid.*, III, 307.

38 Augustine, *ibid.*, III, 307; Coronata, *ibid.*, I, 787; Schæfer, *De religiosis*, p. 701. Dans les communautés où l'usage du pécule imparfait a existé pendant cent ans avant le Code, cet usage est maintenant légitime à moins que cette coutume n'ait été abrogée (Can. 5).

Les mots d'Augustine sont dignes de remarque: « Niggardly and miserly treatment of religious is the quickest road to private property » [39]. La règle donnée par le Concile de Trente est d'or: dans une maison religieuse il ne doit y avoir rien de superflu, mais aussi rien de ce qui est nécessaire ne doit manquer [40]. Une des conséquences de cette prescription du Code est que les supérieurs lorsqu'ils accordent la permission de voyager, d'acheter des habits, de subir des soins médicaux, etc., ne doivent pas considérer si le sujet est capable de payer ses dépenses mais ils doivent se demander si la chose est nécessaire ou utile, suivant les usages de l'ordre et les exigences de la vie commune [41].

Dans la maison d'études, la vie commune telle qu'expliquée doit être parfaitement observée. Par les mots « *perfecta vita communis* » le Code a en vue la vie commune que les constitutions prescrivent, et non pas nécessairement la stricte perfection de la vie commune en soi [42]. Il en était de même dans l'ancien droit. En 1851, la Congrégation des Évêques et Réguliers publia un décret sur cette matière et obligea les étudiants à déposer leur argent dans la caisse commune et à ne pas garder plus que les constitutions leur permettaient [43]. Donc, dans les congrégations qui permettent un pécule imparfait cet usage n'est pas nécessairement défendu dans la maison d'études [44]. Cependant, puisque la vie du scolasticat doit entraîner à la pratique de toutes les vertus de la vie religieuse, il est désirable que, là où c'est possible, la discipline commune plus parfaite soit observée.

Au sujet de la pauvreté, les étudiants devraient vivre sous la dépendance plus étroite de leurs supérieurs que les religieux

---

39 Augustine, *Commentary*, III, 306.

40 Conc. Trident., sess. XXV, *de regularibus*, c. 2.

41 Vromant, « Debita vitæ communis, » — *Periodica*, XVIII (1929), 28*.

42 Vermeersch—Creusen, *Epitome*, I, 537 ; Blat, *De religiosis*, p. 422.

43 S.C. Ep et Reg., decr., 22 april. 1851 — *Fontes*, n. 1959.

44 Vromant, *ibid.*, 33*.

employés dans les œuvres extérieures de la communauté. Très souvent les supérieurs permettent à ceux-ci de garder de l'argent pour s'acheter de menus objets ou pour se procurer quelque récréation. Cet usage n'est pas nécessaire chez les étudiants et ne devrait pas exister à moins que les constitutions ne le permissent [45].

L'obligation de la vie commune lie directement les étudiants. Ceux qui violent cette obligation ne doivent pas être promus aux ordres ni même à la tonsure [46]. On doit entendre cette violation comme d'un manquement habituel. Un manquement occasionnel, surtout lorsqu'il s'agit de choses de peu d'importance, peut être excusé comme la violation occasionnelle de tout autre règle. Mais le supérieur n'a pas le droit de présenter à l'évêque pour l'ordination un sujet coupable de violation habituelle en la matière, et c'est le droit et le devoir de tout évêque de refuser d'ordonner un tel sujet, même s'il est muni de lettres dimissoriales [47].

Quand la vie commune n'est pas observée sans faute de la part des sujets, ceux-ci n'ont pas à refuser l'ordination; la loi veut punir les coupables, non pas ceux qui sont innocents.

La peine statuée au canon 587, §2 ne porte pas préjudice aux autres peines du canon 2389 contre ceux qui violent la vie commune en matière importante [48].

---

[45] Vromant, *loc. cit.*

[46] Can. 950. « In iure verba: *ordinare, ordo, ordinatio, sacra ordinatio,* comprehendunt, præter consecrationem episcopalem, ordines enumeratos in can. 949 et ipsam primam tonsuram, nisi aliud ex natura rei vel ex contextu verborum eruatur »; cf. Berutti, *De religiosis* (Romæ: Mariet-ti, 1936), p. 228.

[47] Blat, *De religiosis*, 422; Toso, *Ad Codicem I.C. Commentaria minora* (V. V, Romæ apud Jus Pontificium, 1927), 162; cité dans la suite *Commentaria.*

[48] Can. 2389. « Religiosi legem vitæ communis constitutionibus præscriptæ in re notabili violantes, graviter moneantur et, emendatione non secuta, puniantur etiam privatione vocis activæ et passivæ et, si Superiores sint, etiam officii ».

Article III

Exercices spirituels

Canon 588, §3. Superiores vero sedulo invigilent ut ea quæ can. 595 pro omnibus religiosis præscribuntur, in studiorum domo perfectissime observentur.

Canon 595, §1. Curent Superiores ut omnes religiosi:

1° Quotannis spiritualibus exercitiis vacent.

Les supérieurs doivent voir à ce que leurs sujets fassent une retraite annuelle. Cette obligation est directement imposée aux supérieurs, mais elle lie indirectement les sujets. Les supérieurs ont donc le droit de commander cette retraite et les sujets ont le devoir d'obéir à leurs supérieurs [49]. Les supérieurs satisfont à leur obligation, par exemple, en exhortant leurs sujets à faire cette retraite, en affichant l'ordo du jour ou en donnant des ordres particuliers à un délinquant, etc [50].

Le Code ne prescrit pas un minimum de jours comme c'est le cas pour les retraites de prise d'habit et de première profession [51]; ce minimum est habituellement déterminé par les Constitutions.

Les religieux candidats aux ordres doivent faire une retraite de trois ou six jours suivant l'ordre à recevoir [52]. On peut se demander si la retraite annuelle prescrite ici peut être combinée avec la retraite avant les ordres ou s'il faut faire deux

---

[49] Coronata, *Institutiones*, I, 793, nota 2; PCI, 12 nov. 1922, ad VI — *AAS*, XIV (1922), 636.

[50] Coronata, *ibid.*, I, 217.

[51] Cc. 541; 571, §3.

[52] Can. 1001, §1. « Qui ad primam tonsuram et ordines minores promovendi sunt, spiritualibus exercitiis per tres integros dies; qui vero ad ordines sacros, saltem per sex integros dies vacent; sed si qui, intra semestre, ad plures ordines maiores promovendi sint, Ordinarius potest exercitiorum tempus pro ordinatione ad diaconatum reducere, non tamen infra tres integros dies ».

retraites séparées. Les canonistes ne parlent pas de ce cas. Il faut d'abord savoir si les deux préceptes sont formellement ou seulement matériellement divers. Dans le premier cas, une seule retraite serait suffisante, dans le second, il faudrait plusieurs retraites. La fin de la retraite annuelle est la sanctification personnelle; le but immédiat de la retraite avant les ordres est de faire réfléchir sur les obligations de l'ordre à recevoir, et partant, la sanctification personnelle. Il semble donc qu'une seule retraite peut remplir les deux fins [53].

Pour ce qui est de la méthode de cette retraite, il n'y a rien de spécifié dans le Code. La méthode de saint Ignace de Loyola a été recommandée par Pie XI et ses prédécesseurs [54].

Canon 595, §1, 2°. Legitime non impediti quotidie Sacro intersint, orationi mentali vacent, et in alia pietatis officia, quæ a regulis et constitutionibus præscripta sint, sedulo incumbant.

Les supérieurs doivent aussi voir à ce que les religieux, non légitimement empêchés, assistent quotidiennement à la messe, méditent pendant quelque temps et s'acquittent des autres exercices de piété prescrits par leur règle. Un empêchement légitime serait la maladie ou un voyage, etc.

En plus des exercices prescrits au canon 595, §1, 2°, les religieux sont aussi tenus au canon 125 qui mentionne la visite au saint Sacrement, la récitation du Rosaire et l'examen de conscience [55].

---

53 Les clercs dans les ordres majeurs doivent réciter l'office divin, et les bénéficiers doivent faire de même. Cependant un clerc majeur en même temps bénéficier satisfait à cette double obligation en récitant l'office une seule fois; cf. Prümmer, *Manuale theologiæ moralis* (3 vols, 6 et 7 ed., Friburgi Brisgoviæ: Herder & Co., 1931), I, 148.

54 Pius XI, const. « *Summorum Pontificum* », 25 iulii 1922 — *AAS*, XIV (1922), 420; litt. encycl. « *Mens nostra* », 20 dec. 1929 — *AAS*, XXI (1929), 689.

55 Can. 592. « Obligationibus communibus clericorum de quibus in can. 124-142, etiam religosi omnes tenentur, nisi ex contextu sermonis vel ex rei natura aliud constet »; Schæfer, *De religiosis*, pp. 660-661, 702.

Canon 595, §1, 3°. Ad pœnitentiæ sacramentum semel saltem in hebdomada accedant.

Le troisième devoir des supérieurs est de veiller à ce que leurs sujets s'approchent du sacrement de Pénitence une fois par semaine, c'est-à-dire une fois par sept jours, le temps se calculant d'après le canon 32, §1. Si au bout de sept jours un religieux n'est pas encore allé à confesse, il est obligé de s'acquitter de ce devoir au plus tôt et il ne peut pas attendre sept jours de plus. La loi est imposée « *ad urgendam obligationem* » et non « *ad finiendam* ». Les supérieurs ont le droit de savoir si les religieux s'acquittent de cette obligation, mais ils n'ont pas le droit de savoir si un sujet est allé à un confesseur occasionnel pourvu que les règles de la clôture soient observées [56].

Canon 595, §2. Superiores suos inter subditos promoveant frequentem, etiam quotidianam, sanctissimi Corporis Christi receptionem; frequens autem, etiam quotidianus accessus ad sanctissimam Eucharistiam religiosis rite dispositis libere pateat.

Les supérieurs doivent encourager la réception fréquente et même quotidienne du sacrement de l'Eucharistie, et les sujets doivent avoir toute liberté de le faire. Cette loi est tirée du décret « *Quemadmodum* » de la Congrégation des Évêques et Réguliers et du décret « *Sacra Tridentina Synodus* » de la Congrégation du Concile [57]. Les religieux sont absolument libres de communier fréquemment et ils n'ont pas besoin pour cela de la permission de leur supérieur. Le décret « *Quemadmodum* » exigeait le consentement du confesseur, mais le décret « *Sacra Tridentina Synodus* » ne demandait plus que son avis. D'un autre côté, le décret avertissait le confesseur de donner un avis favorable à ceux qui étaient en état de grâce et qui avaient

---

56 Schæfer, *De religiosis*, p. 703.

57 S. C. Ep. et Reg., decr. « *Quemadmodum* », 17 dec. 1890 — *Fontes*, n. 2017; S.C.C., decr. « *Sacra Tridentina Synodus* », 20 dec. 1905 — *Fontes*, n. 4326.

une intention droite. Après le Code, Vermeersch—Creusen pensent que l'obligation de demander l'avis du confesseur est supprimée [58]. Cependant la récente instruction de la Congrégation des Sacrements rapporte cette obligation [59].

Canon 595, §4. Si quæ sint religiones votorum sive sollemnium sive simplicium, quarum in regulis aut constitutionibus vel etiam in calendariis communiones aliquibus diebus affixæ aut iussæ reperiantur, hæ normæ vim dumtaxat directivam habent.

Quoique les supérieurs doivent encourager la réception fréquente, ils n'ont pas autorité pour forcer leurs sujets à le faire. Quand dans les communautés les constitutions ou les coutumiers indiquent des jours pour recevoir la communion, ils n'ont en cela qu'une force directive. La Congrégation des Sacrements a publié une instruction sur les précautions à prendre contre les abus qui pourraient se glisser à l'occasion de la réception de l'Eucharistie. Les prescriptions s'appliquant aux maisons d'études des religieux peuvent se résumer comme suit :

1) Les directeurs spirituels quand ils exhortent leurs dirigés à recevoir la communion doivent leur dire que la communion quotidienne n'est pas obligatoire et qu'elle ne peut pas être reçue sans les conditions nécessaires, c'est-à-dire l'état de grâce et la droiture d'intention ;

2) Si la communion fréquente est à encourager, il en est de même de la confession ; les supérieurs doivent observer le canon 518 pour ce qui est des confesseurs ;

3) Autant que possible, il doit se trouver un confesseur aisément accessible à tous au moment où l'on distribue la communion ;

---

58 Vermeersch—Creusen, *Epitome* I, 551.

59 S. C. de Sacramentis, instr., 8 dec. 1938 — *CpRM*, XX (1939), 205.

4) Le supérieur doit dire clairement à ses sujets qu'il lui fait plaisir de les voir s'approcher de la table sainte, mais aussi qu'il n'a pas un mot de reproche pour ceux qui s'en abstiennent; au contraire, on doit voir dans leur abstention un signe de liberté et de délicatesse de conscience;

5) Quand, à l'époque de la profession ou de l'ordination, les directeurs ont à porter un jugement sur la piété et la discipline des jeunes religieux, ils ne doivent aucunement prendre en considération le plus ou moins d'assiduité du sujet à recevoir la communion;

6) Le supérieur local doit voir à ce que les malades ne reçoivent la communion que quand ils le demandent [60].

La même instruction demande aussi d'éviter chez les jeunes gens tout ce qui peut occasionner une plus grande difficulté d'abstention, tel un ordre rigide et quasi militaire. Cette dernière prescription ne concerne pas la maison d'études des religieux qui sont clercs. Le mot latin pour jeune personne, « *adolescentuli* », indique une personne de très jeune âge. En outre, suivant les prescriptions de la liturgie, les clercs doivent recevoir la communion suivant leur ordre: d'abord les diacres revêtus du surplis et de l'étole, puis les sous-diacres, etc [61].

Canon 595, §3. Si autem post ultimam sacramentalem confessionem religiosus communitati gravi scandalo fuerit aut gravem et externam culpam patraverit, donec ad pœnitentiæ sacramentum denuo accesserit, Superior potest eum, ne ad sacram communionem accedat, prohibere.

En règle générale, les supérieurs n'ont pas le droit d'empêcher leurs sujets de recevoir la sainte communion; cependant le Code prévoit une exception: si un religieux a donné

[60] S. C. de Sacramentis, instr., 8 dec. 1938 — *CpRM*, XX (1939), 203-210.

[61] Can. 106, 3°; Le Vavasseur—Hægy—Stercky, *Manuel de liturgie et cérémonial selon le rite romain* (2 vols, 16 éd., Paris: Librairie Lecoffre, 1935), I, 162.

un grave scandale à la communauté ou s'il a commis une grave faute extérieure, le supérieur peut lui défendre de s'approcher de la table sainte avant qu'il se soit confessé. Les deux circonstances dans lesquelles le supérieur peut exercer ce droit sont le cas de grave scandale ou de grave faute extérieure. Ces deux conditions ne vont pas toujours ensemble [62]. Au sujet de l'interprétation des mots « *gravi scandalo, gravem et externam culpam* » certains auteurs pensent que la faute n'est pas nécessairement un péché mortel [63]. D'autres, au contraire, soutiennent que le supérieur ne peut exercer ce pouvoir que dans le cas d'une faute théologiquement grave. Cette opinion semble plus conforme à l'esprit de l'Église qui n'exige la réception de la pénitence que de ceux qui ont commis un péché mortel [64]. On pourrait ajouter en faveur de cette opinion que les peines sont sujettes à une interprétation stricte [65].

Quoique les prescriptions concernant les exercices de piété doivent être parfaitement observées dans les maisons d'études, les supérieurs ont le pouvoir d'exempter les professeurs et les étudiants de certains de ces exercices, surtout de l'office de nuit, lorsqu'ils jugent que c'est prudent et opportun pour les études [66].

Article IV

Revues et journaux

Avant le Code, Pie X avait défendu la lecture des revues et journaux, même excellents, dans les séminaires. La défense était assez sévère:

> Verum, qui vita hominis iis est circumscripta limitibus ut ex uberrimo cognoscendarum rerum fonte vix detur aliquid summis labiis attingere, discendi quo-

62 Augustine, *Commentary*, III, 308; Schæfer, *De religiosis*, p. 704.
63 Vermeersch—Creusen, *Epitome*, I, 551.
64 Can. 901; cf. Schæfer, *De religiosis*, p. 705.
65 Can. 19.
66 Can. 589, §2; voir pp. 122, 125.

que temperandus est ardor et retinenda Pauli sententia: *non plus sapere quam oportet sapere, sed sapere ad sobrietatem* [67].Quare, quum clerici multa iam satis eaque gravia sint imposita studia, sive quæ pertinent ad sacras litteras, ad Fidei capita, ad mores, ad scientiam pietatis et officiorum, quam *asceticam* vocant, sive quæ ad historiam Ecclesiæ, ad ius canonicum, ad sacram eloquentiam referuntur; ne iuvenes aliis quæstionibus tempus terant ea a studio præcipuo distrahantur, omnino vetamus diaria quævis aut commentaria, quantumvis optima, ab iisdem legi, onerata moderatorum conscientia, qui ne id accidat religiose non caverint [68].

Les religieux devaient aussi se conformer à ses décrets, fut-il déclaré plus tard [69].

La Sacrée Congrégation Consistoriale, dans une lettre au cardinal Vaszari, interpréta la loi portée par Pie X et en atténua quelque peu la portée. La Congrégation disait:

Porro SSmi Domini Nostri mens est ut firma sit lex qua prohibetur diaria et commentaria, etiam optima, quæ tamen de politicis rebus agunt quæ in dies eveniunt, aut de socialibus et scientificis quæstionibus quæ pariter in dies exagitantur quin adhuc de iis certa sententia habeatur, hæc inquam, in manibus alumnorum seminarii libere non relinquantur. Nil tamen vetat quominus superiores seminarii aut magistri, si agatur de quæstionibus scientificis, legant alumnis aut legendos articulos in sua præsentia

---

67 Rom. XII, 3.

68 Pius X, motu propr. « *Sacrorum Antistitum* », 1 sept. 1910 — *AAS*, II (1910), 668; cf. Pius X, litt. encyc. « *Pieni l'animo* » (ad episcopos Italiæ), 28 iulii 1906 — *Fontes*, n. 676; Pius X, litt. encycl. « *Pascendi dominici gregis* », 8 sept. 1907, III — *Fontes*, n. 680. Léon XIII avait fait le même règlement pour les séminaires italiens à cause des conditions politiques d'alors: Leo XIII, « *Fin da principio* », 8 dec. 1902, 4 — *Fontes*, n. 650.

69 S. C. Consist., decl. 25 sept. 1910 — *AAS*, II (1910), 140.

tradant eorumdem diariorum et commentariorum, quos ad alumnorum instructionem utiles vel opportunos censent.

Commentaria vera in quibus nil contentionis continetur, sed notitias religiosas, S. Sedis dispositiones et decreta, Episcoporum acta et ordinationes referunt, vel alia quæ quamvis periodica non aliud sunt quam lectiones ad fidem et pietatem fovendam utiles, hæc, inquam, possunt, probantibus seminarii moderatoribus, præ manibus alumnorum relinqui tempore a studio et ab aliis præscriptis officiis libero [70].

Le Saint-Siège classe les revues en deux groupes: celles qui traitent de questions politiques ou de controverses, soit théologiques ou scientifiques, et celles qui rapportent les documents du Saint-Siège ou des évêques, ou qui ne contiennent que des articles utiles à la piété ou à la foi. Vermeersch place dans le premier groupe la *Revue des Deux Mondes*, le *Mouvement Sociologique* et les revues qui traitent de questions nationalistes ou de la conservation des langues des minorités [71]. On pourrait ajouter à cette classe la revue canadienne l'*Action Nationale* et les deux revues américaines *Social Justice* et *The Catholic Worker*.

Dans la seconde classe, Vermeersch inscrit les *Analecta Ecclesiastica*, la *Nouvelle Revue Théologique*, *The Ecclesiastical Review*, *Il Monitore Ecclesiastico*, *Periodica*, ainsi que les diverses *Semaines Religieuses* [72]. Les divers journaux diocésains qui ne font que rapporter les nouvelles religieuses entrent dans ce groupe. Il n'en est pas de même des journaux catholiques qui s'occupent de questions politiques.

On pourrait ajouter un troisième groupe de revues: les revues littéraires et les revues de vulgarisation. Le supérieur peut les permettre si elles sont utiles aux études théologiques [73].

---

70 S. C. Consist., ep. (ad Cardinalem Vaszari), 20 oct. 1910 — *AAS*, II (1910), 855-856.

71 Vermeersch, *Periodica*, V (1913), 250-251.

72 Vermeersch, *loc. cit.*

73 Vermeersch, *loc. cit.*

Il n'est pas besoin de mentionner ici les revues d'aventures ou policières; elles ne sont sûrement pas utiles aux études théologiques. Les journaux quotidiens étaient aussi défendus par Pie X. Il serait peut-être utile d'ajouter que ces défenses étaient faites pour l'année académique; durant les vacances, il ne semblait pas contraire à la loi de permettre la lecture des journaux et des revues [74]. Cela est d'autant plus raisonnable que durant les vacances les séminaristes séculiers ont l'habitude de rester avec leur famille.

Les canonistes discutent pour savoir si ces règlements de Pie X sont encore en vigueur après le Code. Vermeersch applique le canon 22 et est d'avis que ces règlements sont abrogés [75]. D'un autre côté, Druzbacki et *l'Ami du Clergé* maintiennent que ces prescriptions sont encore en force [76]. Leur argument est que ces prescriptions furent émises à cause du modernisme; elles ne furent pas rapportées dans le Code parce qu'elles sont de leur nature temporaires et doivent demeurer en force jusqu'à ce que le Saint-Siège ait déclaré autrement, comme c'est le cas pour le serment anti-moderniste [77]. Cependant, bien que cette loi se trouve dans le *motu proprio* dirigé contre le modernisme, la raison donnée pour cette prohibition n'est pas le modernisme mais la distraction apportée dans les études. Cette cause n'est pas transitoire mais permanente. C'est pourquoi Druzbacki n'est pas catégorique et dit simplement que l'opinion sévère est plus probable [78].

Quoi que l'on puisse dire sur cette controverse, pratiquement les séminaires diocésains et les scolasticats des religieux doivent continuer à observer la loi. Dans le rapport

---

74 Vermeersch, *Periodica* V (1913), 209.

75 *Documentation Catholique*, IX (juillet-décembre 1923), 1503.

76 Druzbacki, « Utrum post Codicis J.C. promulgationem vigeat prohibitio legendi diaria ab alumnis Seminarii clericorum? » — *Jus Pontificium*, VII (1927), 26-29; *L'Ami du Clergé*, L (1933), 559; LI (1934), 173-175.

77 S. C. Off., decr., 22 mart. 1918 — *AAS*, X (1918), 136.

78 Druzbacki, *art. cit.*, 28.

triennal que les ordinaires ont à envoyer à la Congrégation des Séminaires et Universités la vingt-sixième question se lit comme suit:

> An alumni prohibeantur a lectione librorum et diariorum, quæ, quamvis in se non noxia, eos tamen a studiis distrahere possunt [79].

L'instruction de la Congrégation des Religieux aux supérieurs majeurs de congrégations cléricales répète à peu près la même chose:

> Durant le temps des études, les supérieurs verront à ce que les jeunes religieux n'abandonnent pas le combat spirituel; ils doivent défendre à leurs étudiants la lecture des livres et des journaux qui peuvent être un obstacle aux études [80].

La conclusion est donc que la lecture des revues et des journaux est encore défendue dans les maisons d'études [81]. Cependant les revues utiles à la piété ou aux études ne sont pas exclues. Parce que les jeunes religieux auront à connaître ce qui se passe dans le monde lorsqu'ils seront en service actif, les supérieurs peuvent de temps en temps permettre à leurs étudiants la lecture des revues traitant de l'actualité. Les prescriptions du Saint-Siège doivent être interprétées comme ne défendant que la lecture habituelle des revues, et non occasionnelle. Les supérieurs peuvent aussi lire eux-mêmes à leurs étudiants les articles les plus utiles à la formation de ces derniers.

---

79 S. C. de Sem. et Univ., decr., 2 febr. 1924, q. 26 — *AAS*, XVII (1925), 550.

80 S. C. de Rel., instr., 1 dec. 1931, n. 7 — *AAS*, XXIV (1932), 76. Ces deux documents furent approuvés par Pie XI.

81 Can. 20. « Si certa de re desit expressum præscriptum legis sive generalis sive particularis, norma sumenda est, nisi agatur de pœnis applicandis, a legibus latis in similibus; a generalibus iuris principiis cum æquitate canonica servatis; a stylo et praxi Curiæ Romanæ; a communi constantique sententia doctorum ».

Article IV

Autres règlements disciplinaires

Les autres règlements disciplinaires concernant les maisons d'études des religieux se trouvent dans la lettre « *Unigenitus Dei Filius* » de Pie XI et dans l'instruction de la Congrégation des Religieux.

Les jeunes gens qui se destinent à la prêtrise ne peuvent être admis au noviciat avant d'avoir fini leurs humanités, à moins, que dans des cas particuliers, une grave raison motive une autre manière de faire [82]. Le cours d'humanités comprend toutes les études requises avant l'étude de la philosophie [83]. La dernière année du cours des humanités correspond à la rhétorique dans le système canadien-français et à la deuxième année du *College Course* dans le système américain.

Pie XI admet quelques exceptions; pour une raison grave, comme, par exemple, l'âge du candidat, les supérieurs peuvent admettre au noviciat des jeunes gens qui n'ont pas fini leurs humanités. Parce que, aux États-Unis, le *High School* forme un cours complet en lui-même et que les étudiants terminent ces études à l'âge de dix-huit ans, il ne serait peut-être pas contraire à l'esprit de l'Église d'accepter au noviciat les jeunes gens de cet âge et de leur faire faire les deux autres années des humanités (c'est-à-dire les deux premières années du *College Course)* en communauté. Cette manière de faire est admise dans quelques communautés religieuses.

L'instruction s'occupe aussi des exercices physiques. Elle met en garde les supérieurs contre les jeux incompatibles avec l'état clérical [84]. Le principe est très général: ce qui n'est pas convenable pour les autres clercs ne l'est pas plus pour les étudiants [85]. Les exercices physiques sont aussi inconve-

---

82 Pius XI, ep. ap. « *Unigenitus Dei Filius* », 19 mart. 1924 — *AAS*, XVI (1924), 140; S. C. de Religiosis, instr., 1 dec. 1931, n. 5 — *AAS*, XXIV (1932), 76.

83 Cc. 589, §1; 1364.

84 S. C. de Religiosis, instr., 1 dec. 1931, n. 7 — *AAS*, XXIV (1932), 76

nants si on n'observe pas les lois de la modestie chrétienne [86]; en cette matière, les usages de chaque pays sont à observer. La gymnastique jouit de la faveur du Saint-Siège [87].

Pour ce qui est des vacances et des voyages, l'instruction avertit les supérieurs de ne pas permettre aux étudiants de voyager sans une juste et grave cause, et les étudiants devraient toujours résider dans leurs maisons d'études [88]. Il ne s'ensuit pas que la Congrégation a l'intention de défendre les maisons d'été pour les jeunes religieux. Ces maisons ne sont qu'une continuation de la maison régulière, et sont souvent moralement nécessaires, comme la pratique courante de la majorité des communautés le prouve. Mais les voyages et les visites des étudiants chez leurs parents sont compris sous cette défense [89], et ils ne peuvent être faits que pour une juste et grave cause. Une juste et grave cause serait la mortalité d'un des membres de la famille, etc. Les voyages défendus par la Congrégation sont ceux d'une certaine longueur; il semble raisonnable de penser qu'un court voyage d'une journée ou deux n'est pas défendu par Rome.

Pour que ces règlements soient connus, Rome demande que l'instruction soit lue au début de chaque année [90]. L'instruction ne dit pas si le début de l'année doit s'entendre de l'année civile ou scolastique. Comme on doit lire cette lettre dans une maison d'études, il est logique de la lire au début de l'année académique.

---

85 C. 138. « Clerici ab iis omnibus quæ statum suum dedecent, prorsus abstineant: indecoras artes ne exerceant; aleatoriis ludis, pecunia exposita, ne vacent; arma ne gestent, nisi quando iusta timendi causa subsit; venationi ne indulgeant, clamorosam autem nunquam exerceant; tabernas aliaque similia loca sine necessitate aut iusta causa ab Ordinario loci probata ne ingrediantur ».

86 Letter of the Apostolic Delegate to the U.S.A. on behalf of the Sacred Congregation of Seminaries and Universities, May 26, 1928 — *Ench. Cler.*, n. 1250.

87 S. C. de Sem. et Univ., litt. « *In conventu plenario* » (ad Lusitaniæ Ordinarios), 8 sept. 1935, n. V — *Ench. Cler.*, n. 1363.

88 S. C. de Religiosis, instr., 1 dec. 1931, n. 9 — *AAS*, XXIV (1932), 77.

89 *Loc. cit.*

90 Instr. cit., *ibid.*, p. 81.

CHAPITRE VII

ÉTUDES DES RELIGIEUX EN DEHORS D'UN SCOLASTICAT DE LEUR PROVINCE

Article I

Études préparatoires au sacerdoce

Canon 587, §3. Si religio aut provincia studiorum domos rite instructas habere nequeat, aut si quas habet, adire, Superiorum iudicio, difficile sit, religiosi alumni mittantur vel ad recte ordinatam studiorum sedem alius provinciæ aut religionis, vel ad scholas Seminarii episcopalis, vel ad publicum catholicum athenæum.

Comme il a été dit plus haut [1], il y a une réelle obligation pour les supérieurs de fonder une maison d'études. Le canon 587, §3 donne une solution au cas où l'établissement d'une telle maison n'est pas possible. Si la communauté ou la province ne peuvent avoir un scolasticat, ou s'il est difficile d'envoyer des sujets à ce scolasticat, les supérieurs doivent envoyer leurs étudiants dans une maison d'une autre province ou d'une autre communauté, ou au séminaire diocésain ou à une université catholique. Il peut être difficile d'envoyer des étudiants au scolasticat de leur province si le scolasticat est situé dans un autre pays ou s'il est établi pour des étudiants d'une autre langue, ou encore en cas de persécution. Le jugement sur cette difficulté est laissé aux supérieurs.

Le Code donne trois solutions dans le cas où les supérieurs ne peuvent envoyer leurs sujets au scolasticat de leur province; ces derniers doivent étudier soit dans une maison d'une autre province ou d'une autre communauté, soit au sémi-

---

[1] P. 39.

naire épiscopal, soit à une université catholique. Les mots du Code: « *vel... vel... vel...* » n'indiquent pas d'ordre à suivre. Conséquemment, rien n'oblige un provincial à envoyer ses sujets au scolasticat d'une autre province de préférence à un séminaire. Il est évident que le général aurait toujours le droit de décider autrement suivant les constitutions. Si la communauté établit un scolasticat central pour toutes les provinces, les provinciaux doivent aussi envoyer leurs sujets à ce scolasticat. Habituellement, les constitutions sont assez précises pour ce qui regarde la formation des membres d'une communauté.

Le Code, comme on vient de le dire, donne seulement deux raisons qui permettent aux supérieurs d'envoyer leurs sujets en dehors d'une maison d'études de la province. On peut se demander si ces deux raisons sont exclusives de toute autre ou si elles sont simplement démonstratives. Vermeersch—Creusen, Coronata et Chelodi pensent qu'on peut admettre d'autres raisons telles que la nécessité d'apprendre une langue étrangère, études spéciales, etc [2]. Toso et Oesterle, de leur côté, disent que les raisons données par le Code sont exclusives. Suivant Toso, un provincial ne peut envoyer ses sujets, d'une façon générale, en dehors de sa province que pour ces deux raisons; mais dans des cas particuliers il peut envoyer ailleurs quelques-uns de ses sujets pour d'autres raisons que celles du Code [3]. L'opinion de Toso est plus logique. Il serait inutile d'obliger une province à fonder une maison d'études si le provincial pouvait à son gré envoyer tous ses sujets ailleurs. D'un autre côté, cette opinion laisse au supérieur le pouvoir de faire autrement dans des cas particuliers.

Quand une province n'a pas de scolasticat et qu'elle envoie les étudiants à un séminaire, très souvent ceux-ci demeureront dans une maison de leur ordre. Cette maison demeure sujette

---

2 Vermeersch—Creusen, *Epitome*, I, 537; Coronata, *Institutiones*, I, 775; Chelodi, *Ius de personis* (2 ed., ab Ernesto Bertagnolli recognita, Tridenti: Libr. Edit. Tridentinum, 1927), p. 459.

3 Toso, *Commentaria*, V, 162; Oesterle, *Prælectiones iuris canonici*, I (Romæ: Collegio S. Anselmi, 1941, pro manuscripto), 526; cité dans la suite *Prælectiones*.

à tous les règlements disciplinaires du Saint-Siège. On doit assurer non seulement la formation scientifique des jeunes clercs mais aussi leur formation spirituelle [4]. En aucun cas, ces derniers n'ont la permission de rester avec des laïques, comme il est dit au paragraphe 4 du canon 587.

Article II

Religieux vivant en dehors de leur communauté

Canon 587, §4. Religiosis, qui studiorum causa longe a propria domo mittuntur, non licet in privatis domibus habitare, sed opus est ut in aliquam suæ religionis domum se recipiant, vel, si id fieri non possit, apud religiosum aliquod institutum virorum, vel Seminarium aliamve piam domum, cui sacri ordinis viri præsint, quæque ab ecclesiasica auctoritate approbata sit.

Les religieux n'ont pas la permission de vivre en dehors d'une maison de leur communauté plus de six mois, excepté pour raisons d'études. Dans ce dernier cas, le supérieur peut leur donner un congé pour un temps indéfini sans avoir recours au Saint-Siège [5]. Pour jouir de ce privilège, il n'est pas nécessaire que les religieux étudient dans quelque école. Les études privées dans une bibliothèque ou dans des archives sont des études au sens propre du mot et permettent au supérieur d'accorder un congé de plus de six mois sans avoir recours à Rome [6].

Lorsque des religieux vivent en dehors de leur maison pour raison d'études, ils n'ont pas la permission de résider dans des maisons privées mais ils doivent établir leur résidence dans une maison de leur institut. Si cela n'est pas possible, ils doivent

---

[4] Berutti, *De religiosis*, p. 227; Pius XI, ep. ap. « *Unigenitus Dei Filius* », 19 mart. 1924 — *AAS*, XVI (1924), 142-143.

[5] Can. 606, §2.

[6] Augustine, *Commentary*, III, 322; Berutti, *De religiosis*, p. 229.

vivre dans une maison d'une autre communauté d'hommes ou dans un séminaire ou une maison pieuse approuvée par l'ordinaire, et à la tête de laquelle se trouve un clerc dans les ordres majeurs. Ils ne peuvent pas résider dans une maison d'une communauté laïque, soit d'hommes soit de femmes, à moins qu'on ait une organisation spéciale pour les étudiants et qu'un clerc dans les ordres majeurs en ait la charge [7].

La loi n'oblige pas tous les religieux qui vivent en dehors de leur communauté à demeurer dans une maison pieuse, mais seulement ceux qui restent loin de leur propre maison. Leur propre maison est celle où ils ont été dernièrement nommés. Un religieux reste loin de sa maison si le supérieur ne peut pas exercer facilement sa vigilance sur ce religieux, ou si celui-ci ne peut pas facilement voyager de sa place d'études à cette maison, et vice-versa [8].

Les maisons religieuses, les séminaires et les maisons pieuses dans le sens strict, ne peuvent être fondées sans l'approbation de l'ordinaire du lieu [9]. Au contraire, une maison où quelques prêtres vivent en commun selon le canon 134 n'a pas besoin de l'approbation de l'ordinaire. Certains auteurs pensent que l'approbation de l'ordinaire pour la maison pieuse dont il est question au canon 587, §4 est une approbation spéciale pour recevoir les prêtres étudiants [10]. D'autres pensent que l'approbation demandée est celle qui est nécessaire pour la fondation, de sorte que toute maison religieuse approuvée par l'ordinaire et à la tête de laquelle se trouve un clerc dans les ordres majeurs est *ipso facto* approuvée pour recevoir les étudiants [11]; mais un presbytère ou une maison privée où plusieurs prêtres vivent ensemble ne peut recevoir d'étudiants sans l'approbation de l'ordinaire. Cette opinion explique très bien

---

7 Oesterle, « De ratione studiorum in religionibus clericalibus, » *CpR*, VI (1925), 301.

8 Oesterle, « De ratione studiorum in religionibus clericalibus, » — *CpR*, VI (1925), 299; Schæfer, *De religiosis*, p. 635; Blat. *De religiosis*, p. 423.

9 Cc. 497, §1; 1354, §1; 1489.

10 Vermeersch—Creusem, *Epitome*, I, 538; Toso, *Commentaria*, V, 163.

11 Blat. *De religiosis*, p. 423; Oesterle, *Prælectiones*, I, 326.

les mots du Code sans qu'il soit besoin de recourir à des limitations. Les séminaires et les maisons religieuses sont de soi aptes à recevoir des étudiants religieux. Ceux qui embrassent l'opinion plus stricte concèdent que l'approbation spéciale n'a pas besoin d'être explicite [12].

Article III

Fréquentation des universités laïques

Il peut être nécessaire que les religieux et les prêtres fréquentent les universités laïques. Ceci est spécialement vrai dans les pays où l'État est le seul à concéder les degrés académiques. À cause des dangers résultant de cette fréquentation, l'Église a fait des règlements particuliers en cette matière. Ces règlements concernent d'abord les prêtres séculiers, mais ils sont applicables, *congrua congruis referendo,* aux prêtres réguliers.

La définition d'une université laïque peut se prendre par rapport à celle d'une université catholique. On appelle université catholique celle qui est fondée par le Saint-Siège, ou du moins celle dont les statuts sont approuvés par le Saint-Siège et qui reste sous sa dépendance [13]. Il pourrait se faire aussi qu'une université fût sous la dépendance d'un évêque sans que ses statuts fûssent approuvés par le Saint-Siège. Dans ce cas, l'université serait catholique, comme toute autre école ou collège fondés dans les mêmes circonstances, mais les grades qu'elle confèrerait n'aurait pas d'effets canoniques [14].

Les professeurs d'une université catholique peuvent être des laïques, et dans les pays où les Protestants sont nombreux, il arrive fréquemment qu'un bon nombre d'entre eux ne sont pas catholiques [15]. Mais la doctrine enseignée dans cette université

---

[12] Vermeersch—Creusem, *Epitome*, I, 538.

[13] Cc. 1376, §§1, 2 ; 256.

[14] Can. 1377.

[15] *Statuta Catholicæ Universitatis Americæ a Sancta Sede approbata*, (Typis Polyglottis Vaticanis, 1937), art. 50, *d*.

est sous la surveillance du Saint-Siège, par l'entremise d'un délégué, ordinairement l'ordinaire du lieu. D'un autre côté, il peut se faire qu'une université d'État organise une faculté de théologie catholique ayant à sa tête des prêtres. Cette école est de soi laïque. Cependant le Saint-Siège considère très souvent ces facultés comme catholiques surtout si, par indult du Saint-Siège, elles donnent des degrés en théologie. Ainsi à Strasbourg, les clercs qui ne sont pas encore prêtres ont la permission de suivre des cours de théologie à l'Université de l'État [16].

Une université laïque est celle qui ne dépend pas du Saint-Siège ni des évêques, mais de l'État ou de particuliers. Il est peut-être utile de noter que le mot « laïque » n'a aucun sens péjoratif; l'Église ne prétend pas au monopole d'enseignement comme les États totalitaires d'aujourd'hui [17]. Cependant il arrive assez souvent que ces institutions enseignent des doctrines contraires à la foi catholique, et c'est pourquoi l'Église prend des précautions pour prémunir ses prêtres contre ces dangers.

Les premières prescriptions en la matière valaient pour l'Italie seulement [18]. Pie X les compléta et les étendit à l'Église universelle [19]. Le Code ne rapporte pas ces prescriptions, mais néanmoins Benoît XV déclara qu'elles restaient en vigueur et il y apporta quelques précisions [20].

---

16 Oesterle, « De ratione studiorum in religionibus clericalibus, » *CpR*, VI (1925), 193.

17 Ottaviani, *Institutiones iuris publici ecclesiastici* (2 vols, 2 ed., Typis Polyglottis Vaticanis, 1936), II, 233-235.

18 S. C. Ep. et Reg., instr. « *A tutti è noto* » (ad Italiæ Episcopos et Familiarum Religiosarum Moderatores), 21 iulii 1896 — *Fontes* n. 2031; texte latin: « *Perspectum est* » — *Ench. Cler.*, n. 551.

19 Pius X, litt. encycl. « *Pascendi* », 8 sept. 1907, n. 44 — *Fontes*, n. 680; Pius X, motu propr. « *Sacrorum Antistitum* », 1 sept. 1910, II — *AAS*, II (1910), 658.

20 S. C. Consist., decr. « *Nemo de sacro Clero* », 30 april. 1918 — *AAS*, X (1918), 237.

Le décret de la Congrégation Consistoriale donné sous Benoît XV contient cinq paragraphes et couvre pratiquement la matière de la législation précédente.

I. Les clercs qui fréquentent les universités laïques doivent être prêtres et donner l'espérance de faire honneur à l'état clérical par la force et la perspicacité de leur intelligence et par la sainteté de leur vie.

Ce paragraphe est une répétition du décret « *Perspectum est* »[21]. De plus, ces prêtres doivent avoir fait leurs études théologiques avec succès[22].

II. En envoyant un sujet étudier dans ces universités, un évêque ne doit avoir en vue que la nécessité ou l'utilité du diocèse, c'est-à-dire l'intention de donner aux écoles du diocèse des professeurs qualifiés.

Auparavant, la seule cause licite était la nécessité du diocèse. Le nouveau décret a donc élargi la législation précédente[23]. Conséquemment, on doit modifier l'article IV de l'instruction « *Perspectum est* » qui se lisait comme suit : « Les clercs réguliers et séculiers ne doivent suivre dans ces universités que les cours nécessaires pour obtenir le doctorat ou un autre grade académique dont ils ont besoin ». Le besoin et l'utilité du diocèse sont des notions très voisines. Quoique dans certains pays catholiques il ne soit pas absolument nécessaire pour les professeurs des collèges et universités catholiques d'avoir des diplômes des institutions laïques, il leur sera toujours très utile d'avoir ces grades.

III. Les prêtres fréquentant les universités laïques ne sont pas exemptés des examens prescrits aux canons 130 et 590 ; au contraire, ils sont plus que jamais obligés de passer ces

---

21 Nn. V, VI.

22 *Loc. cit.*

23 S. C. Ep. et Reg., instr. « *Perspectum est* », 21 iulii 1896. II — *Fontes*, n. 2031 ; Secretariatus Status, litt. circul. « *Le Saint-Siège* » (ad Galliæ Metropolitas), 10 oct. 1907 — *Ench. Cler.*, n. 817.

examens, de peur que l'étude des sciences profanes ne leur fassent négliger la culture des sciences ecclésiastiques demandée par le canon 129.

Le sens de cet article est que les prêtres ne doivent pas se considérer comme exemptés de ces examens du fait qu'ils fréquentent une université laïque; et les supérieurs, avant d'accorder une dispense, doivent en peser mûrement les raisons. Cependant cet article ne défend pas aux supérieurs d'accorder telle dispense. De plus, si les étudiants font leur retraite, suivent peut-être des cours d'été, et prennent ensuite des vacances raisonnables, on peut se demander s'ils auront le temps de préparer ces examens.

IV. Après avoir fini leurs études, les prêtres demeurent sous la dépendance de leur ordinaire et restent au service du diocèse; ils n'ont pas le droit d'accepter ailleurs aucun office sans son consentement. Les délinquants sont passibles de peines canoniques, y compris la suspense.

Ce décret est évident et n'est qu'une application des principes généraux du Code à ce cas particulier.

V. Toute cette législation s'applique, *congrua congruis referendo,* aux religieux, même à vœux solennels.

Les supérieurs religieux peuvent donc envoyer leurs sujets aux universités laïques si c'est nécessaire ou utile pour leurs écoles. Quand ces prêtres ont fini leurs études, ils doivent retourner dans leur communauté, et s'ils refusent d'obéir, le supérieur majeur dans les communautés exemptes peut leur infliger la suspense. Dans les communautés non exemptes, aucune peine impliquant le pouvoir de juridiction ne peut être imposée par le supérieur.

Les prêtres séculiers reçoivent de leur propre évêque la permission de fréquenter les universités laïques; les religieux la reçoivent de leur supérieur majeur, même dans le cas d'une communauté non exempte. Ceci est clair si l'on étudie l'instruction « *Perspectum est* »:

> Nemo e sæculari clero Universitates Gubernii frequentet absque licentia Episcopi sui... professi [religiosi] vero eas non frequentent, nisi præhabita expressa licentia Superioris Generalis [24].

Le supérieur général, à l'exclusion du provincial, est donc compétent pour donner cette permission. Il pourrait cependant déléguer cette faculté au provincial.

Les autres prescriptions de l'instruction « *Perspectum est* » qui n'ont pas été rappelées par la Consistoriale, et qui cependant demeurent en vigueur, comme il a été dit plus haut [25], sont les suivantes :

a) Les supérieurs doivent envoyer leurs sujets étudier dans un endroit où la communauté a une maison. Si la chose n'est pas possible, ils doivent envoyer étudier non pas seulement un religieux, mais deux ou plus, pour fins de support mutuel [26]. Dans ce cas, un prêtre connu pour sa vertu et son expérience devra visiter les étudiants de temps en temps ; ceux-ci devront écrire fréquemment à leur général qui a le devoir de leur répondre.

b) Les supérieurs doivent choisir une université qui offre le moins de danger pour leurs sujets. S'il arrive que des professeurs enseignent des doctrines contraires à la foi catholique, les supérieurs doivent envoyer leurs sujets ailleurs ; quand ce n'est pas possible, les étudiants ne doivent pas assister à ces classes si l'assistance n'est pas obligatoire. Dans tous les cas, ceux-ci doivent s'abstenir de tout acte qui aurait l'apparence d'approuver le professeur. En dehors de cette hypothèse, les étudiants doivent assister à toutes les classes et donner le bon exemple [27].

---

24 Instr. cit., nn. I, II — *Fontes*, n. 2031 ; Ellis, *Periodica*, XXVII (1938), 107 ; Schæfer, *De religiosis*, p. 659.

25 P. 65.

26 *Ibid.*, n. IX — *Fontes*, n. 2031.

27 *Ibid.*, n. X — *Fontes*, n. 2031.

c) Si les étudiants doivent lire des livres défendus, les supérieurs doivent leur procurer d'autres livres qui seront un antidote et voir à ce que les étudiants obtiennent la permission de lire ces livres prohibés [28].

Dans les communautés exemptes, les supérieurs majeurs ont la faculté de permettre à leurs sujets de lire les livres défendus mais seulement dans les cas urgents et particuliers [29]. Outre ce pouvoir, les évêques d'Amérique ont de plus amples facultés: ils peuvent donner la permission de garder et de lire, pour pas plus de trois ans, les livres défendus, excepté ceux qui prônent expressément l'hérésie ou le schisme, ou qui veulent miner les fondements de la religion, ainsi que les livres *ex professo* obscènes [30]. Quelques communautés, même non exemptes, ont des facultés encore plus amples, en vertu desquelles les supérieurs peuvent permettre la lecture de tous les livres prohibés, excepté ceux qui sont franchement obscènes [31]. Si un étudiant est obligé de lire un livre défendu et qu'il n'a pas le temps de demander la permission, il peut se servir d'épikie.

d) Dans leurs relations avec les professeurs et les élèves les étudiants doivent se comporter dignement et avec politesse en évitant toute familiarité. Ils ne doivent pas faire partie d'associations subversives ou politiques ni se joindre à des réunions de protestation contre l'université [32].

e) Les supérieurs doivent veiller à ce que les étudiants persévèrent dans leur vocation et qu'ils s'acquittent des exercices de piété prescrits par leur règle. S'ils voient qu'un étudiant se relâche et qu'il est prêt à abandonner le sentier de la vertu, ils doivent le rappeler aussitôt. Durant les vacances, les

---

28 *Ibid.*, n. XI — *Fontes*, n. 2031.

29 Can. 1402, §1.

30 Bouscaren, *The Canon Law Digest, Supplement 1941* (Milwaukee: The Bruce Publishing Company, 1941), p. 26.

31 Les Oblats de Marie-Immaculée jouissent de cet indult.

32 *Ibid.*, n. XII — *Fontes*, n. 2031.

étudiants doivent retourner dans une maison de leur ordre et faire leur retraite annuelle [33].

Pie X ajouta une autre prescription: les étudiants qui se sont enregistrés pour un cours dans une université catholique ne doivent pas suivre ce même cours dans une université séculière [34].

Ces instructions ne traitent pas des pouvoirs de l'ordinaire du lieu où l'université est établie, pour ce qui concerne les prêtres étrangers. L'ordinaire du lieu a le droit de savoir où les prêtres résident et s'ils observent les prescriptions du droit à cet égard, puisque ceux-ci ont ordinairement quasi-domicile [35]. En particulier, on peut se demander si l'évêque du diocèse dans lequel est située l'université, a le droit de défendre aux prêtres étrangers de fréquenter cette institution, soit parce que ce serait une cause de scandale pour les fidèles, soit parce que l'université enseigne des doctrines contraires au catholicisme. Il n'y a aucun doute que l'évêque puisse défendre à ses prêtres d'aller étudier là, comme il a été dit plus haut [36]; il peut même le défendre aussi à ses fidèles, en certaines circonstances [37]. Mais en ce qui concerne les prêtres étrangers, la question n'est pas la même. Nulle part dans les documents cités plus haut le Saint-Siège donne ce pouvoir à l'évêque. Rome sait que, dans les universités laïques, on enseigne des doctrines non catholiques et que la présence des prêtres à ces universités peut être chez les fidèles une cause d'étonnement. En dépit de cela, on permet même aux prêtres de suivre dans ces institutions des cours qui peuvent être spécialement dangereux, comme l'histoire, la philosophie et autres sciences

---

[33] *Ibid.*, nn. XIV, XV — *Fontes*, n. 2031.

[34] Pius X, litt. encycl. « *Pascendi* », 8 sept. 1907, 44 — *Fontes*, n. 680.

[35] Cc. 13, §2; 92, §2; 804, §3.

[36] P. 67-68.

[37] Boffa, *Canonical Provisions for Catholic Schools* (The Catholic University of America Canon Law Studies, no. 17, Washington, D. C.: The Catholic University of America Press, 1939), p. 107-108.

semblables [38]. Cependant, parce qu'il est nécessaire ou utile que les prêtres professeurs aient des diplômes donnés par les institutions laïques, le Saint-Siège donne aux prêtres la permission de fréquenter ces écoles. Un autre évêque ne peut donc pas refuser à un prêtre qui a la permission de son supérieur un privilège accordé par le Saint-Siège. Il ne pourrait défendre aux prêtres étrangers d'étudier à une université laïque de son diocèse que pour des raisons extrinsèques à cette fréquentation. Par exemple ,si l'université était en lutte avec l'ordinaire, ou si l'enseignement donné était plus anticatholique que l'enseignement de la moyenne des universités séculières. Dans ce cas, la présence de prêtres serait particulièrement scandaleuse. De toute façon, si les prêtres se sentaient lésés dans leurs droits, il leur resterait toujours le droit d'appel au Saint-Siège.

---

38 Card. R. Merry del Val, ep. « *J'ai reçu* » (ad Alfridum Baudrillart, Instituti Catholici Parisiensis Rectorem), 2 oct. 1907 — *Ench. Cler.*, n. 815.

CHAPITRE VIII

LE MAGISTER SPIRITUS

Durant le temps des études préparatoires au sacerdoce, les jeunes religieux sont sous la direction d'un directeur spirituel ou préfet des étudiants. Le Code donne sommairement ses qualités et ses fonctions.

> **Canon 588, §1. Toto studiorum curriculo religiosi committantur speciali curæ Præfecti seu Magistri spiritus qui eorum animos ad vitam religiosam informet opportunis monitis, instructionibus atque exhortationibus.**
>
> **§2. Præfectus vel Magister spiritus iis qualitatibus præditus sit oportet, quæ in Magistro novitiorum requiruntur ad normam can. 559, §§2, 3** [1]**.**

La nature de cette charge, les fonctions qui y sont attachées et les qualités requises pour remplir cet office feront l'objet de ce chapitre.

Article I

Nature de cet office [2]

Le directeur spirituel ou préfet des étudiants doit former les âmes des jeunes clercs à la vie religieuse par des instructions, des exhortations et des avis appropriés. Quelques auteurs, et surtout Canuto [3], pensent que cet office relève du for interne

---

[1] Le troisième et dernier paragraphe a été expliqué plus haut, p. 48.

[2] Augustine (*Commentary*, III, 293) traduit *Magister spiritus* par l'anglais *Prefect of studies*, ce qui est équivoque.

[3] Canuto, « De regimine domus studiorum in religione clericali exempta ad normam can. 588, » — *Apollinaris*, IX (1936), 19-39.

extra-sacramentel seulement. Pour prouver son avancé, Canuto donne trois principaux arguments. Le premier est tiré des mots du canon 588 qui dit que les jeunes scolastiques doivent être sous le soin *spécial* d'un directeur spirituel. Or, chaque directeur local doit s'occuper de la vie spirituelle de ses sujets. Il semble donc que cet office doit être distinct de la charge du supérieur et qu'il comporte des pouvoirs dans le for interne seulement. De plus, le Code souligne l'opposition entre l'office de directeur spirituel et de supérieur lorsqu'il oppose les devoirs du premier, au début du canon 588, aux devoirs du second, au troisième paragraphe du même canon [4].

Le deuxième argument fait appel à l'analogie qui existe entre cette charge et celle du canon 1358 pour les séminaires. Ce canon demande un directeur spirituel distinct du supérieur local:

> Curandum ut in quolibet Seminario adsint rector pro disciplina, magistri pro instructione, œconomus pro curanda re familiari, a rectore distinctus, duo saltem confessarii ordinarii et director spiritus.

Enfin, l'auteur, non sans quelque assurance, prétend que tous les canonistes partagent sa manière de voir [5].

En réponse au premier argument, on peut dire qu'il y a en droit une ressemblance entre le maître de novices et le préfet des étudiants. Cependant le premier a pouvoir au for externe [6]. Il doit, tout comme le directeur spirituel, former ses sujets

---

[4] Can. 588, §1. « Toto studiorum curriculo religiosi committantur speciali curæ Præfecti seu Magistri spiritus qui eorum animos ad vitam religiosam informet opportunis monitis, instructionibus atque exhortationibus »; §3. « *Superiores* vero sedulo invigilent... »; Canuto, *art. cit.*, 25-27.

[5] Canuto, *ibid.*, 26.

[6] Schæfer, *De religiosis*, p. 635: « Inter munus Magistri novitiorum et Præfecti spiritus quædam paritas habetur in iure »; Clemens VIII, const. « *Cum ad regularem* », 19 mart. 1603, §20 — *Fontes*, n. 189.

à la vie religieuse[7]. Il a sur ceux-ci tous les pouvoirs d'un supérieur religieux, excepté en ce qui concerne la discipline générale de la maison, s'il n'est pas supérieur local[8]. C'est pourquoi il ne doit pas entendre les confessions des novices, à moins qu'une raison grave et urgente le force à faire autrement dans un cas particulier[9]. Pour ce qui est de cette prescription qui demande que les scolastiques soient sous la garde *spéciale* d'un préfet, il faut se rappeler que celui-ci doit toujours être exempt de toute occupation qui l'empêcherait de se dévouer entièrement à cet office. Les mots « *speciali curæ* » peuvent être facilement interprétés dans ce sens. Le directeur des scolastiques ne peut pas être supérieur local si, par là, il était empêché de s'occuper des étudiants[10].

Quant à l'argument d'analogie entre l'office de directeur spirituel chez les religieux et celui de directeur spirituel chez les séminaristes séculiers, il n'est pas apodictique, car l'organisation d'une maison d'études dans une communauté n'est pas la même que l'organisation disciplinaire dans un séminaire[11].

Le dernier argument de Canuto est l'argument d'autorité; il affirme que presque tous les canonistes sont de son côté, et il cite Schaefer, Vermeersch—Creusen, Cocchi, Blat, Chelodi,

---

7 S. C. de Rel., instr., 3 nov. 1921, I — *AAS*, XIII (1921), 539: « Ideoque præ oculis habendum est novitiatum esse institutum ad novitiorum animos informandos, in iis quæ ad vitia extirpanda, motus animi compescendos, virtutes acquirendas necnon vitam regularem addiscendam per constitutionum studium pertinent; ut novitii ad christianam perfectionem, in quo præcise cuiusque reliogiosi finis consistit tendere discant ».

8 Can. 561, §§1, 2.

9 Can. 891.

10 Cf. p. 79.

11 Agathangelus a Langasco, *De institutione clericorum in disciplinis inferioribus*, p. 163, nota 6: « Id prænotasse iuvat, cum sæpius, in hodierna organizatione scholarum internarum religiosorum plura mutuata sint, at immerito, ab organizatione interna Seminariorum... Verum est quod affirmant, ex concisione nempe Codicis quo regimen scholarum internarum religiosorum, induci recursus ad canones de Seminariis... Verum dixi, si quidem agatur de regimine scholastico seu potius de studiorum ratione, secus si de regimine disciplinari ».

Coronata, D'Ambrosio, Fanfani, Ferreres, Gerster, Larraona, Leduc, Oesterle, Prümmer, Raus, Wernz—Vidal. Il faut admettre que Wernz—Vidal [12] partagent son opinion. Cependant la plupart des autres auteurs répètent simplement les mots du Code et ne parlent pas de ce point. De ce nombre sont Chelodi [13], Raus [14], Fanfani [15], Prümmer [16], Ferreres [17] et Cocchi [18]. De plus, un certain nombre de canonistes cités par Canuto admettent l'opinion contraire comme quelque chose de normal. Ainsi Coronata écrit:

> His præscriptionibus [19] determinatur quale sit officium Magistri spiritus... si quid amplius potest solum ex iure speciali aut ex speciali Superiorum delegatione potest [20].

Schaefer a pratiquement les mêmes mots:

> Ex iure speciali sive ex Constitutionibus sive ex delegatione Superiorum Præfectus seu Magister spiritus autem ampliorum potestatem quam in can. 588, §1 enuntiatam habere potest... Si Præfectus seu Magister spiritus studentes regit eodem fere modo ac novitios, prohibitionem can. 891 de confessionibus audiendis ex parte Magistri novitiorum extendendam esse ad Præfectum seu Magistrum spiritus [21].

---

12 Wernz—Vidal, *De religiosis*, p. 322.

13 Chelodi, *Ius de personis*, p. 459.

14 Raus, *Institutiones canonicæ* (2 ed., Parisiis: Typis Emmanuelis Vitte, 1931), p. 312.

15 Fanfani, *De iure religiosorum* (2 ed., Taurini: Marietti, 1925), p. 310.

16 Prümmer, *Manuale iuris canonici* (4 ed., Friburgi Brisgoviæ: Herder & Co., 1927), p. 292.

17 Ferreres: *Institutiones canonicæ* (2 vols, 2 ed., Barcelona: Eugenius Subirana, 1920), I, 407.

18 Cocchi, *Commentarium in Codicem Iuris Canonici* (8 vols, Taurinaurium Augustæ: Marietti), V. III (3 ed., 1931), 178, 179. Cet ouvrage sera cité dans la suite *Commentarium*.

19 Can. 588, §1.

20 Coronata, *Institutiones*, I, 776.

21 Schæfer, *De religiosis*, p. 634-635.

Vermeersch—Creusen renvoient à Schaefer sur ce point [22]. À cette liste on peut ajouter Pejska qui ne voit aucune objection à ce que le préfet des étudiants soit supérieur local et donc ait pouvoir au for externe pour les étudiants:

> Cum vero can. 588 de Rectore studiorum sileat, satis aperte concedit in religiosis institutis Superiorem domus simul disciplinæ studiorum præesse [23].

L'opinion de Canuto est aussi directement combattue par Langasco [24].

Que le préfet des étudiants ait une charge qui relève du for externe est un arrangement que Rome considère comme normal dans les communautés. La Congrégation des Religieux ordonne que les supérieurs demandent l'avis du préfet sur les religieux qui doivent avancer aux divers ordres [25]. Or, s'il est confesseur, il ne pourra pas donner son avis sur ses pénitents [26]. S'il est directeur spirituel, les étudiants lui ouvriront leur conscience et ils lui confieront même des secrets qui relèvent du confessionnal. Comment ensuite pourra-t-il donner son avis sans s'exposer à violer le secret confié, ou du moins à être soupçonné de le faire? Canuto lui-même voit très bien la difficulté. Il y répond en disant que cette disposition a été faite pour les

---

22 Vermeersch—Creusen, *Epitome*, I, 538-539.

23 Pejska, *Ius canonicum religiosorum*, p. 162; cf. Berutti, *De religiosis*, p. 231.

24 Langasco, « De regimine domus studiorum in religione clericali, » —*Ius Pontificium*, XVIII (1938), 118-131.

25 S. C. de Rel., instr., 1 dec. 1931—*AAS*, XXIV (1932), 79: « Superiores vero quemquam ad ordines ascendere ne sinant, quamdiu de eiusdem moribus, pietate, modestia, castitate, ad statum clericalem propensione, in studiis ecclesiasticis profectu, necnon religiosa disciplina, sibi per accuratum scrutinium non constiterit (can. 973, §1). Ad quod certius obtinendum testimonium exquirant Magistri spiritus aliorumque, quibus ob specialem cum alumnis frequentiam horum vitam moresque pernoscere contigerit ».

26 Can. 1361, §3.

communautés où le préfet des étudiants a les pouvoirs d'un maître des novices, ce qui ne devrait pas exister, dit-il [27].

En conclusion, on peut dire qu'il n'est certainement pas requis par le droit que le directeur des étudiants dans les communautés religieuses soit constitué comme le directeur spirituel des séminaires. Les mots du Code « *eorum animos ad vitam religiosam informet opportunis monitis, instructionibus atque exhortationibus* » demandent que le préfet s'occupe soigneusement de ses sujets; ils ne demandent pas que celui-ci ait nécessairement pouvoir au for interne.

Article II

Fonctions du préfet des étudiants

Les fonctions que le préfet des étudiants doit remplir dépendent naturellement de la nature de son office. C'est un principe très bien établi depuis le siècle dernier, en droit canon, que les pouvoirs du for interne et du for externe ne peuvent être exercés par la même personne sur les mêmes sujets, quand ces personnes vivent dans les communautés religieuses et dans les séminaires [28]. En conséquence, si le directeur des religieux est constitué comme un directeur spirituel dans les séminaires, son office appartient au for interne extra-sacramentel et il ne devrait pas se mêler de la discipline extérieure de la maison [29]. Il peut conseiller aux jeunes religieux de lui

---

27 Canuto, « De regimine domus studiorum in religione clericali exempta ad normam can. 588, » — *Apollinaris*, IX (1936), 37, nota 54.

28 S. C. Ep. et Reg., decr. « *Quemadmodum* », 17 dec. 1890 — *Fontes*, n. 2017; S. C. Off., decr., 5 iulii 1899 — *ASS*, XXXII (1899-1900), 64; cc. 518, §§1, 2, 3; 891; 530, §1; 1358; Schæfer, *De religiosis*, p. 401; Voltas, « De aperienda, directionis causa, superioribus conscientia, » — *CpR*, I (1920), 150.

29 S. C. Sem. et Univ., litt. « *Vixdum hæc Sacra Congregatio* » (ad Germaniæ Episcopos), 9 oct. 1921 — *Ench. Cler.*, n. 1121.

ouvrir leur conscience [30] et il peut entendre habituellement leurs confessions [31]. Dans ce cas, il ne devrait pas donner son avis sur ceux qui doivent être promus aux ordres [32].

S'il a les pouvoirs d'un maître des novices, il a le soin de la discipline extérieure et il est logique de lui interdire l'exercice de facultés dans le for interne suivant les canons 518, §2, 530, §1 et 891. Dans l'ancien droit, le préfet des étudiants était assimilé au maître des novices [33] et comme ce dernier ne peut plus entendre les confessions de ses sujets, il semble que le préfet doive s'en abstenir [34]. Cependant quelques canonistes interprètent le silence du Code comme une indication que le préfet des étudiants, même s'il a charge de la discipline extérieure, peut entendre les confessions [35]. Toutefois, à cause des raisons apportées plus haut, il semble qu'il soit plus conforme au droit et à l'esprit de l'Église d'adopter la première opinion [36].

Une autre question assez voisine de la confession est l'ouverture de conscience. Le canon 530 défend aux supérieurs d'induire leurs sujets à ouvrir leur conscience à leurs supérieurs; le canon ne défend pas aux religieux de le faire spon-

---

30 Canuto, *art. cit.*, p. 34; Coronata, *Institutiones*, I, 689; Schæfer, *De religiosis*, p. 402.

31 Canuto, *art. cit.*, p. 33.

32 P. 78, n. 25.

33 Clemens VIII, const. « *Cum ad regularem* », 19 mart. 1603, §20 — *Fontes*, n. 189.

34 Can. 20; Goyeneche, *CpR*, VI (1925), 92; Larraona [*CpR*, I (1920), 53] dit que le préfet des étudiants ne peut pas entendre les confessions de ses sujets, non pas à cause du canon 891, mais à cause du canon 518, §2.

35 Prümmer, *Manuale iuris canonici*, p. 292; Coronata, *Institutiones*, I, 776.

36 Vermeersch—Creusen, *Epitome*, I, 539; Schæfer, *De religiosis*. p. 635: « Ubi eadem est ratio, eadem debet esse iuris dispositio. Et mens legislatoris est, ut, qui regimen habet externum, non retineat forum sacramentale ».

tanément et il le conseille même [37]. Selon plusieurs auteurs, le maître des novices et le préfet des étudiants ne sont pas compris sous le nom de supérieurs et, par conséquent, ils ne tombent pas sous le coup de cette défense [38]. Cette opinion est sûrement probable tant à cause des auteurs qui la soutiennent qu'à cause des raisons qui militent en sa faveur. Cependant l'opinion contraire a pour elle des arguments sérieux et semble plus conforme à la discipline actuelle de l'Église. En effet, quoique le maître des novices et le directeur des étudiants ne soient pas des supérieurs au sens strict du mot, ils ont pour toutes fins pratiques les pouvoirs d'un supérieur [39]. De plus, ceux qui disent que le maître des novices peut induire ses sujets à lui ouvrir leur conscience mitigent leur assertion en

---

[37] Can. 530, §1. « Omnes religiosi Superiores districte vetantur personas sibi subditas quoquo modo inducere ad conscientiæ manifestationem sibi peragendam ».

§2. « Non tamen prohibentur subditi quominus libere ac ultro aperire animum suum Superioribus valeant; imo expedit ut ipsi filiali cum fiducia Superiores adeant, eis, si sint sacerdotes, dubia quoque et anxietates suæ conscientiæ exponentes ».

[38] Coronata, *Institutiones*, I, 689; Vermeersch—Creusen, *Epitome*, I, 469; Schæfer, *De religiosis*, p. 402; Fanfani, *De iure religiosorum*, p. 38.

[39] Can. 561, §1. « Uni Magistro ius est et officium consulendi novitiorum institutioni, ad ipsumque unum novitiatus regimen spectat, ita ut nemini liceat hisce se, quovis colore, immiscere, exceptis Superioribus quibus id a constitutionibus permittitur ac Visitatoribus; ad disciplinam vero universæ domus quod attinet, Magister, perinde ac novitii, Superiori est obnoxius ».

§2. Novitius potestati Magistri ac Superiorum religionis subest eisque obedire tenetur ». Voltas, « De aperienda, directionis causa, superioribus conscientia » — *CpR*, I (1920), 150: « Quamvis Codex nihil expresse constituat de moderatione spirituali per Magistros novitiorum et Præfectos studentium (qui in quibusdam institutis Magistris novitiorum comparantur) putamus argumenta allata talia esse quæ valere etiam possunt pro directione prædictorum officialium. Confirmatur ex can. 891 de confessione novitiorum, qui, ut ait E.mus De Lai, separationem absolutam statuit inter forum internum et externum. Hoc etiam observatur in Seminariis ubi rector et Director spiritualis diversæ personæ esse solent ».

disant que, dans ce cas, ce qui est matière de la confession devrait être exclu de la direction [40].

Enfin, si le préfet des étudiants a pouvoir au for externe, il donne son *votum* sur les candidats aux ordres [41].

Quelle que soit la manière selon laquelle le préfet des étudiants est constitué, il doit dans tous les cas être libre de toute occupation qui l'empêcherait de vaquer à sa charge [42]. S'il a les pouvoirs d'un maître des novices, il pourrait être en même temps supérieur local, pourvu que la direction de la maison ne lui enlève pas trop de son temps. Ce sera souvent le cas si la maison est exclusivement une maison d'études et si elle n'est pas trop considérable. Autrement les deux charges sont incompatibles [43]. Mais rien ne l'empêche d'être conseiller provincial ou général. Langasco pense que le préfet des étudiants devrait toujours garder la direction des études [44].

S'il est supérieur local, il est tenu d'observer les canons 518, §2 et 530, §1, c'est-à-dire qu'il ne peut entendre habituellement les confessions de ses sujets et il ne peut les induire à l'ouverture de conscience. Goyeneche dit que, dans ce cas, il pourrait persuader ses sujets de lui manifester leur conscience, parce que ce qui lui est défendu comme supérieur local lui est permis comme préfet des étudiants [45]. Il semble être le seul à soutenir cette opinion. L'argument peut être renversé: ce qui lui est permis comme préfet des étudiants lui est défendu en tant que supérieur local [46].

---

[40] Vermeersch—Creusen, *Epitome*, I; 469.

[41] Cf. p. 78.

[42] Cc. 588, §2 et 559, §3.

[43] Goyeneche, *CpR*, II (1921), 293-294; Langasco, *De institutione clericorum in disciplinis inferioribus*, p. 165, nota 6.

[44] Langasco, *ibid.*, p. 166.

[45] Goyeneche, *CpR*, VI (1926), 24-25.

[46] Schæfer, *De religiosis*, p. 402; Larraona, « Commentarium Codicis, » — *CpR*, XII (1931), 418.

Article III

Qualités nécessaires pour être préfet des étudiants

Canon 588, §2. Præfectus vel Magister spiritus iis qualitatibus præditus sit oportet quæ in Magistro novitiorum requiruntur ad normam can. 559, §§2, 3.

Le canon 559 se lit comme suit:

§1. Novitiorum institutioni præficiendus est Magister, qui sit annos natus quinque saltem ac triginta, decem saltem ab annis a prima professione professus, prudentia, caritate, pietate, religionis observantia conspicuus et, si de clericali religione agatur, in sacerdotio constitutus.

§2. Si ob novitiorum numerum vel aliam iustam causam expedire visum fuerit, Magistro novitiorum adiungatur socius, eidem immediate subiectus in iis quæ ad novitiatus regimen spectant, annos natus saltem triginta, quinque saltem ab annis a prima professione professus, cum ceteris dotibus necessariis et opportunis.

§3. Uterque ab omnibus officiis oneribusque vacare debet, quæ novitiorum curam et regimen impedire valeant.

Une lecture même superficielle de ces deux canons montre une difficulté. Le canon 588, §2 demande chez le préfet des étudiants les mêmes qualités que pour le maître des novices, mais le Code renvoie au canon 559, §2 qui donne les qualités, non du maître des novices, mais de son *socius*.

Pour expliquer cette antinomie les auteurs sont divisés en deux groupes. Le premier groupe, représenté par Goyeneche, dit que la difficulté est due à une erreur typographique. Le second paragraphe du canon 588, §2 devrait se lire ainsi: « Præfectus vel magister spiritus iis qualitatibus prædituš sit oportet quæ in Magistro novitiorum requiruntur, ad normam can. 559, §1 ». Les raisons données peuvent se résumer en cinq points. D'abord, les erreurs typographiques dans le Code ne sont pas seulement possibles; de fait la première édition en contenait un bon nombre [47]. Le deuxième argument est tiré des mots du Code. Si le législateur voulait demander chez le préfet des étudiants les mêmes qualités que chez le *socius* du maître des novices, pourquoi ne l'a-t-il pas dit? Le troisième argument est basé sur le canon 6, 4° qui demande que, en cas de doute, le droit ancien reste en vigueur. Dans l'ancien droit, les qualités du préfet des étudiants étaient les mêmes que celles du maître des novices [48]. Le quatrième argument fait appel à la pratique d'un bon nombre de communautés qui demandent les mêmes qualités chez ceux qui remplissent ces deux offices [49].

Cette opinion est partagée par Fanfani [50] et Cocchi [51], et Vermeersch—Creusen l'admettent comme probable [52].

Les autres canonistes rejettent l'idée d'une erreur typographique et pensent que l'on peut expliquer autrement le canon 588, §2. Ils font observer que la première édition du Code se lisait ainsi: « Præfectus vel Magister spiritus iis qualitatibus præditus sit oportet, quæ in Magistro novitiorum requiruntur ad normam can. 559 ». S'il n'y avait pas eu de correction, disent-ils, tout le monde aurait entendu le canon au sens de Goyeneche. Si le législateur a corrigé ce canon, c'est donc qu'il voulait changer quelque chose. Le vrai sens de ce canon est maintenant que le maître des étudiants doit être libre de toute occupation qui pourrait l'empêcher de se dévouer entièrement à son œuvre, et il doit avoir les mêmes qualités que le maître des novices, sauf l'âge et les années d'ordination; trente

47 Voir *AAS*, IX (1917), 525-527.

48 Clemens VIII ,const. « *Cum ad regularem* », 19 mart. 1603 — *Fontes*, n. 189.

49 Goyeneche, *CpR*, I (1920), 140-145.

50 Fanfani, *De iure religiosorum*, p. 310.

51 Cocchi, *Commentarium*, V. II, P. II, 179.

52 Vermeersch—Creusen, *Epitome*, I, 538.

et cinq ans au lieu de trente-cinq et dix. Cette opinion est plus ou moins celle d'Oesterle [53], Vermeersch—Creusen [54], Coronata [55], Berutti [56], Augustine [57], Beste [58] et Raus [59]. La première opinion semble plus conforme à l'esprit du Code; il n'y a aucune raison pour que les qualités du préfet des étudiants soient moindres que celles du maître des novices. La charge de celui-là demande autant d'expérience et de science que la charge de celui-ci [60].

Une autre question controversée est la signification du mot « *oportet* » dans le même paragraphe du canon 588. Vermeersch—Creusen citent Forcellini [61] et disent que ce mot signifie plus que le mot *decet* et moins que *necesse est.* Le sens de la phrase serait alors: « Superiores curare debent... » [62]. À ce raisonnement Oesterle répond avec raison que la signification du mot « *oportet* » doit se prendre non pas tant dans Forcellini que dans le Code lui-même. Or, le Code emploie toujours ce mot dans le sens d'une stricte obligation, même pour la validité [63]. En outre, même dans Forcellini, *oportet* marque quelquefois une stricte obligation. La vraie signification de ce mot, dans le canon cité, doit donc ressortir de l'usage constant du Code. À cause de ces deux controverses

---

53 Oesterle, « De ratione studiorum in religionibus clericalibus, » — *CpR*, VI (1925), 305-307.

54 Vermeersch—Creusen, *Epitome*, I, 538.

55 Coronata, *Institutiones*, I, 776, nota 1.

56 Berutti, *De religiosis*, p. 251.

57 Augustine, *Commentary*, III, 293.

58 Beste, *Introductio in Codicem* (Collegeville: St. John's Abbey Press, 1938), p. 400.

59 Raus, « Von den Eigenschaften eines Präfekten der Ordenskleriker oder 'Magister spiritus', » *TPQ*, LXXXI (1928), 596, 598.

60 Canuto, « De regimine domus studiorum in religione clericali exempta ad normam can. 588, » — *Apollinaris*, IX (1936), 31-33.

61 Forcellini — Facciolati — Furtanelli — Garradini, « Oportet, » — *Lexicon totius latinitatis* (4 vols, ed. nova, Patavii, 1887). III, 499-500.

62 Vermeersch—Creusen, *Epitome*, I, 538.

63 Cf. cc. 765, 1459, §2; Oesterle, « De ratione studiorum in religionibus clericalibus, » — *CpR*, VI (1925), 304.

qui créent certainement un doute de droit, l'opinion la plus large peut être sûrement suivie en pratique [64].

Au sujet de la computation de ces années, on doit appliquer le canon 34, §3, 3°, c'est-à-dire que ces années doivent être complètes. L'éligibilité commence le lendemain du jour anniversaire [65]. Le Code demande, en outre d'un minimum d'âge et d'années d'ordination, d'autres qualités telles que la piété, la charité, la prudence et l'observance des règles [66]. Ces qualités devraient toujours se trouver chez un préfet des étudiants.

---

[64] La Congrégation des Religieux à qui l'on avait demandé d'accorder une dispense pour la nomination d'un préfet des étudiants qui n'avait pas trente-cinq ans a répondu: « *Superior utatur iure suo* »; cf. Vermeersch—Creusen, *Epitome,* I, 538.

[65] Blat, *De religiosis,* p. 341-342.

[66] Can. 559, §§1, 2.

CHAPITRE IX

LES ÉTUDES

Article I

Application des canons sur les séminaires aux études des religieux

Une comparaison entre les canons 587-591 sur les études du clergé régulier et les canons 1352-1371 sur les séminaires montre que la législation pour le clergé séculier est beaucoup plus précise et beaucoup plus élaborée que la législation pour le clergé régulier. De là se pose la question de savoir si les canons sur les séminaires s'appliquent aux religieux, de telle sorte qu'ils soient obligatoires pour les communautés. Évidemment, certains canons ne s'appliquent qu'aux séminaires proprement dits. Tels sont les canons 1354 [1], 1355, 1356 [2], 1358 [3], 1359 [4]. Mais il s'agit de savoir si les canons 1364 [5], 1365 [6], 1366 [7] s'appliquent intégralement aux religieux;

---

1 Obligation d'avoir un séminaire dans les diocèses.

2 *Tributum seminaristicum.*

3 Officiers du séminaire: recteur, trésorier, etc.

4 Conseils pour l'administration et pour la discipline.

5 « In inferioribus Seminarii scholis:
1°. Præcipuum locum obtineat religionis disciplina, quæ, modo singulorum ingenio et ætati accommodato, diligentissime explicetur;
2°. Linguas præsertim latinam et patriam alumni accurate addiscant;
3°. Ea in ceteris disciplinis institutio tradatur quæ conveniat communi omnium culturæ et statui clericorum in regione ubi alumni sacrum ministerium exercere debent ».

6 « §1. In philosophiam rationalem cum affinibus disciplinis alumni per integrum saltem biennium incumbant.
§2. Cursus theologicus saltem integro quadriennio contineatur, et præter theologian dogmaticam et moralem, complecti presertim debet studium sacræ Scripturæ, historiæ ecclesiasticæ, iuris canonici, liturgiæ, sacræ eloquentiæ et cantus ecclesiastici.
§3. Habeantur etiam lectiones de theologia pastorali, additis practicis exercitationibus præsertim de ratione tradendi pueris aliisve cate-

ces canons sont parallèles au canon 589, §1: « Religiosi in inferioribus disciplinis rite instructi, in philosophiæ studia saltem per biennium et sacræ theologiæ saltem per quadriennium, doctrinæ D. Thomæ inhærentes ad normam can. 1366, §2, diligenter incumbant, secundum instructiones Apostolicæ Sedis ».

Pour supporter l'opinion que les religieux doivent suivre ces canons, on peut dire que dans les deux cas la fin de la loi est la même, c'est-à-dire préparer adéquatement les prêtres pour le ministère. La plupart des religieux prêtres, les membres des ordres contemplatifs exceptés, sont engagés dans le ministère actif comme les prêtres séculiers. De plus, il est certain que la pensée de l'Église est que les prêtres religieux n'aient pas une science inférieure à celle de leurs confrères du clergé séculier [8]. Enfin, chaque fois que dans un cas particulier la législation laisse à désirer, on doit recourir aux lois portées dans les cas similaires [9]. Le Code lui-même, lorsqu'il traite des études du clergé régulier, renvoie par deux fois aux canons sur les séminaires. Le canon 589, §1 renvoie au canon 1366, §2; conséquemment, il faut observer ce dernier paragraphe. L'autre exemple se trouve au canon 976, §3 qui dit que, pour l'ordination, le cours de théologie doit être fait non privément mais dans des écoles organisées et selon le programme tracé au

---

chismum, audiendi confessiones, visitandi infirmos, assistendi moribundis ».

[7] « §1. Ad magisterii munus in disciplinis philosophicis, theologicis et iuridicis, ii, ceteris paribus, iudicio Episcopi et deputatorum Seminarii, præferantur, qui laurea doctorali potiti sint in Universitate studiorum vel Facultate a Sancta Sede recognitis, aut, si agatur de religiosis, qui simile testimonium a suis Superioribus maioribus habeant.

§2. Philosophiæ rationalis ac theologiæ studia et alumnorum in his disciplinis institutionem professores omnino pertractent ad Angelici Doctoris rationem, doctrinam et principia, eaque sancte teneant.

§3. Curandum ut saltem sacræ Scripturæ, theologiæ dogmaticæ, theologiæ moralis, et historiæ ecclesiasticæ, totidem habeantur distincti magistri ».

[8] S. C. de Rel., decl., 21 dec. 1909 — *Fontes*, n. 4398.

[9] Can. 20.

canon 1365 [10]. Ce règlement atteint tous les candidats aux ordres, même les religieux [11].

Quant aux documents pontificaux, ils interprètent le canon 589, §1 à l'aide des canons sur les séminaires. Pie XI dans la lettre « *Unigenitus Dei Filius* » rappelle aux supérieurs le canon 1366, §3 : il devrait y avoir dans les grands séminaires des professeurs distincts, au moins pour l'Écriture sainte, le dogme, la morale et l'histoire ecclésiastique [12]. Dans la même lettre, le pape déclare aussi que le canon 1364, 2°, sur l'instruction secondaire des séminaristes lie les religieux ; il en est de même pour le canon 1364, 1° sur le catéchisme [13].

Les auteurs qui se sont occupés de cette question admettent généralement cette doctrine. Ainsi Vidal explique les mots « *in inferioribus disciplinis rite instructi* » en référant au canon 1364 [14]. Il fait de même pour la philosophie et la théologie [15].

Quelques canonistes pensent que les prescriptions des canons 1365 et 1366 ne s'appliquent pas dans tous les détails aux religieux parce que quelques unes de ces lois ont peu de valeur pratique pour eux. Ils donnent comme exemple que les Chartreux et les Cisterciens n'ont pas à étudier l'éloquence sacrée

---

10 Can. 976, §3. « Cursus theologicus peractus esse debet non privatim, sed in scholis ad id institutis secundum studiorum rationem can. 1365 determinatam ».

11 Can. 976, §1. « Nemo sive sæcularis sive religiosus... »

12 Pius XI, litt. apost. « *Unigenitus Dei Filius* », 19 mart. 1924 — *AAS*, XVI (1924), 143.

13 *Loc. cit.*

14 Wernz—Vidal (*De religiosis*, p. 323) : « Hac institutione præsupposita, quæ saltem non debet esse inferior illa quam ius, canone 1364, exigit in inferioribus Seminarii scholis... »

15 *Loc. cit.*: « Qui cursus philosophicus et theologicus eas debent habere conditiones quoad materias tradendas et methodum adhibendam, quæ exiguntur pro Seminariis, v.gr. can. 1365, neque enim sacerdotes religiosi minori scientifica formatione præstare debent quam sacerdotes sæculares, sed ut plurimum superiori ».

vu qu'ils ne font pas de ministère [16]. On peut répondre que les ordres contemplatifs d'hommes sont peu nombreux dans l'Église; ils constituent une exception. De plus, quoique les séminaires doivent observer le *curriculum* du Code, chaque maison insistera surtout sur ce qui est le plus utile aux besoins des étudiants. Ainsi, la missiologie est maintenant une branche du programme d'études [17], mais cette science sera enseignée avec beaucoup plus d'emphase dans les maisons qui préparent des missionnaires [18].

En conclusion, on peut dire qu'un examen des canons 589, §1 et 976 et des documents pontificaux montre que les canons 1364, 1365 et 1366 lient aussi les religieux. C'est aussi l'esprit de l'Église que les documents pontificaux traitant des études pour le clergé séculier soient observés par le clergé régulier. Ainsi, Pie XI dit que la lettre « *Officiorum omnium* » au Préfet de la Sacrée Congrégation des Séminaires et Universités s'adressait aussi aux religieux engagés dans le ministère [19].

Article II

Valeur actuelle de certains documents pontificaux antérieurs au Code

C'est un principe du nouveau droit que les lois anciennes qui ne se trouvent ni implicitement ni explicitement rapportées dans le Code ne sont plus en vigueur [20]. Sous Léon XIII, et spécialement sous Pie X, les congrégations romaines ont émis plusieurs lois sur les études des religieux. Les canonistes se demandent si ces prescriptions demeurent

---

16 Cf. « Quot scholarum horæ in cursu theologico sint requisitæ? » — *Periodica*, XX (1931), 20*.

17 Benedictus XV, ep. ap. « *Maximum illud* », 30 nov. 1910 — AAS, XI (1919), 440.

18 Schæfer, *De religiosis*, p. 643.

19 Pius XI, ep. ap. « *Unigenitus Dei Filius* », 19 mart. 1924 — *AAS*, XVI (1924), 135; voir aussi: litt. encycl. « *Ad catholici Sacerdotii* », 20 dec. 1935 — *AAS*, XXVIII (1936), 534-535.

20 Can. 6, 6°.

encore en force. Il s'agit surtout de la longue déclaration de la Sacrée Congrégation des Religieux du 7 septembre 1909. Les autres documents ne font pas de difficulté, soit parce qu'ils sont maintenant contenus dans le Code ou lui sont directement contraires, soit parce que Benoît XV et Pie XI ont déclaré qu'ils restaient encore en vigueur, comme c'est le cas pour les *motu proprio* de Pie X sur la musique sacrée et sur l'Écriture sainte [21] et les prescriptions du même pape concernant les prêtres qui fréquentent les universités laïques [22]. Il en est de même de l'enseignement de la doctrine thomiste [23].

Quant à la déclaration de 1909, la dernière partie du canon 589, §1, qui renvoie aux instructions du Saint-Siège [24], semble indiquer qu'elle serait encore en vigueur. Le décret de 1909 interprétait l'article VI du décret « *Auctis admodum* » [25]. En voici le texte complet:

> In articulo sexto decreti *Auctis admodum,* editi a sa.me. Leone XIII, inter alia, hæc statuuntur: « Professi tum votorum solemnium tum simplicium ab Ordinariis locorum ad sacros Ordines non admittantur, nisi, præter alia a iure statuta, testimoniales litteras exhibeant, quod saltem par annum sacræ theologiæ operam dederint, si agatur de subdiaconatu; ad minus per biennium, si de diaconatu; et quoad presbyteratum, saltem per triennium, præmisso tamen regulari aliorum studiorum curriculo ».
>
> Porro circa sensum huius articuli, varia dubia sacræ Congregationi negotiis Religiosorum Sodalium præpositæ exhibita sunt:

---

21 P. 102.

22 P. 65.

23 P. 111.

24 Can. 589, §1. « Religiosi in inferioribus disciplinis rite instructi, in philosophiæ studia saltem per biennium et sacræ theologiæ saltem per quadriennium, doctrinæ D. Thomæ inhærentes ad normam can. 1366, §2, diligenter incumbant, secundum instructiones Apostolicæ Sedis ».

25 S. C. Ep. et Reg., decr. « *Auctis admodum* », 4 nov. 1892 — *Fontes*, n. 2020.

I. Utrum Superiores Ordinum vel institutorum religiosorum præfata testimoniales litteras licite dare, et Ordinarii seu Episcopi licite acceptare possint, si anni de quibus agitur non fuerint completi, seu non vere academici vereque scholares, sed potius abbreviati, non quidem ex incuria, sed quia vel omissæ fuerunt vacationes, vel horæ lectionibus in schola tradendis multiplicatæ, vel alia quacumque de causa?

Resp.: *Negative* in omnibus; et quælibet abbreviatio studiorum abusiva omnino habenda est, et penitus illicita est.

II. Utrum studentes, expleto unius, duorum vel trium respective annorum curriculo theologico, possint statim ad subdiaconatum vel diaconatum vel presbyteratum item respective promoveri, ideoque inceptis vacationibus, in fine anni scholastici dari solitis, quin circulum duodecim mensium complere teneantur?

Resp.: *Affirmative, dummodo tamen complexus* trium huiusmodi annorum saltem triginta tres menses integros comprehendant.

III. Utrum iidem studentes, triennio theologico rite completo, teneantur adhuc per alium annum, seu per quartum annum scholasticum, theologicis studiis in scholis incumbere?

Resp.: *Affirmative,* ideoque complexus quadriennii theologici, computatis vacationibus seu feriis, quadraginta quinque menses integros comprehendere necesse est.

IV. Utrum verba eiusdem decreti *Auctis admodum:* « præmisso tamen regulari aliorum studiorum curriculo » respiciant tantum philosophica seu lycæalia studia, vel etiam gymnasialia seu humaniorum litterarum immo, primariam etiam institutionem?

Resp.: Respiciunt et philosophica seu lycæalia, et humaniorum litterarum seu gymnasialia, et primaria studia. Ideoque haud legalia habenda sunt theologica studia, si alumnus cursum philosophicum seu lycæalem rite non expleverit, neque legalia erunt philosophica seu lycæalia studia, si alumnus humaniorum litterarum seu gymnasiale curriculum minime compleverit; neque valorem habebit humaniorum litterarum seu gymnasiale studium, si alumnus per primariam institutionem rite habitam minime præparatus fuerit. Porro ad legitimum transitum de scholis primariis ad gymnasiales, de gymnasialibus ad lycæales, de licæalibus ad theologicas, requiritur testimonium de bene superato periculo seu examine, a Moderatoribus respectivarum scholarum in forma authentica obtentum; quod si gravi aliqua de causa haberi nequeat, suppleri potest per speciale examen, coram peritis magistris subeundum ante transitum ad superiorem gradum seu scholam.

V. Utrum studia philosophica seu lycæalia, humaniorum litterarum seu gymnasialia, et primaria necessario ante ingressum in novitiatum ex integro peragi debeant?

Resp.: *Negative* quoad studia philosophica seu lycæalia; *affirmative* quoad primaria et gymnasialia seu humaniorum litterarum. In casibus tamen specialibus, accedentibus gravibus causis, permitti potest, ut ad novitiatum inter Clericos admittatur, qui annum quartum gymnasialem seu humaniorum litterarum rite expleverit, dummodo: *a)* decimum quintum ætatis annum excessit; *b)* statim post novitiatum, et antequam ad studium philosophicum seu lycæale adscendat, integrum curriculum omnium studiorum humaniorum litterarum seu gymnasialium in scholis domesticis vel aliis rite ordinatis compleat; *c)* et finale periculum bene superet. Quod si agatur de ingressu in novitiatum anno quarto non expleto, recurrendum ad Sanctam Sedem.

VI. Utrum præfata studia, non publice in scholis rite ordinatis, sed privatim peracta, valorem habeant legalem, seu qui sufficiat ad licite dandas et licite acceptandas litteras testimoniales ad sacros ordines?

Resp.: *Negative.* In casibus tamen extraordinariis, qui respiciunt particularem aliquem alumnum tantum, qui diligenter studiis incubuit, et in periculo seu examine idoneus inventus fuerit, recurrendum ad sacram Congregationem pro convalidatione, exhibita iurata fide examinatorum, et de tempore transacto in studio privatim peracto et de bene superato periculo; nisi res sit, non de omnibus disciplinis unius anni scholaris, sed de una tantum vel altera disciplina accessoria, gravi de causa a particulari aliquo alumno privatim exculta; tunc enim, præhabita iurata fide examinatorum, ut supra, convalidatio dari poterit a Superiore generali, accedente voto deliberativo sui Consilii.

VII. Utrum ad valorem legalem studiorum theologicorum, philosophicorum seu lycæalium, et humaniorum litterarum seu gymnasialium sufficiat disciplinæ principalis seu theologiæ, philosophiæ et linguæ latinæ peritia, vel potius requiratur, ut in unaquaque schola tradantur etiam disciplinæ accessoriæ, iuxta normam in bene ordinatis Seminariis regionis vigentem et saltem in substantialibus servandam?

Resp.: *Negative* ad primam partem. *Affirmative* ad secundam.

VIII. Utrum et quanam ratione in litteris testimonialibus ad sacros ordines authentice constare debeat de peractis ex integro, tum curriculo seu curricubis theologicis, tum philosophicis seu lycæalibus, et humaniorum litterarum seu gymnasialibus studiis, ut præfatæ litteræ licite dari possint a Superrioribus, et licite acceptari ab Ordinariis seu Episcopis.

Resp.: Superiores in litteris testimonialibus, expressis verbis, sequentia declarare debent et testari: 1° *quoad curriculum theologicum,* candidatum a tali anno et mense et die, ad talem usque annum, mensem et diem, et in tali schola studiis theologicis ad sacrum Ordinem, ad quem præsentatur, necessariis rite incubuisse, et in finali periculo seu examine idoneum inventum fuisse; 2° *quoad inferiora studia, eidem curriculo præmittenda: a)* esse eundem candidatum, rite peractis primariæ institutionis studiis, humaniorum litterarum studia in tali schola, et per tot annos academicos seu scholares, ex integro explevisse, bene superato finali periculo; *b)* præfatum candidatum, recte expletis humaniorum litterarum studiis, philosophicum curriculum ex integro in tali schola, et per tot annos academicos seu scholares, complevisse, et finale periculum auspicato superavisse.

Mandavit insuper Sanctitas Sua, ut salvis quæ de integritate et duratione studiorum in præsenti documento dicuntur, sacra Congregatio, exquisito ab omnibus Moderatoribus generalibus elencho disciplinarum, quæ singulis annis scholasticis seu academicis adsignatæ sunt in respectiva religiosa Familia, una cum tabulis horariis singularum scholarum aliisque opportunis informationibus, Instructionem de studiis apud clericos Ordinum et Institutorum religiosorum rite et integre peragendis præparet, in plenario Emorum Patrum eiusdem Congregationis cœtu examinandam, et probante Summo Pontifice, publici iuris faciendam [26].

L'année suivante, la même congrégation publia une autre déclaration pour expliquer ce document:

---

26 S. C. de Religiosis, declar., 7 sept. 1909 — *AAS*, I (1909), 701.

Cum nonnulla dubia exorta fuerint circa rectam interpretationem Declarationum huius Sacræ Congregationis de Reliogis, d. d. 7 Septembris 1909, quoad articulum VI, Decreti *Auctis admodum,* eorum solutio ab hac eadem Sacra Congregatione expotulata quit, nimirum:

I. Utrum prædictæ Declarationes respiciant tantum Domus Religiosas studiorum solius Italiæ, an etiam, eas ubique terrarum constitutas.

Resp.: Negative ad primam partem. Affirmative ad secundam.

II. Utrum eisdem Declarationibus sese conformare debeant eæ tantum Congregationes Religiosæ, in quibus emittuntur vota, an etiam illæ, quibus alumni ligantur simplici promissione perseverantiæ, ut apud Eudistas.

Resp.: Negative ad primam partem. Affirmative ad secundam.

III. Utrum, contracto vacationum tempore, et pressius aucto studiorum conatu, totus Theologiæ cursus tribus tantum annis comprehendi possit; an potius per quatuor integros annos academicos, scilicet per quadraginta quinque menses integros, computatis vacationibus trium priorum annorum, semper protrahi debeat.

Resp.: Negative ad primam partem. Affirmative ad secundam.

La question de savoir si ces deux déclarations sont encore en force après le Code est connexe avec l'interprétation des derniers mots du canon 589, §1: « *secundum instructiones Apostolicæ Sedis* ». Ces mots peuvent se rapporter soit à tout ce qui précède dans le canon cité, soit aux études philosophiques et théologiques seulement, ou soit à la doctrine de saint Thomas.

Bierderlack—Fürich [27] et Coronata [28] disent que ces déclarations sont encore en force après le Code, même pour les études nécessaires avant la philosophie. La raison donnée par Coronata est que cette loi est encore implicitement contenue dans le Code à cause de la clause « *secundum instructiones Apostolicœ Sedis* ». Une autre raison est que la plupart des auteurs admettent la force de ces documents pour ce qui est des études philosophiques et théologiques. Or, il n'y a pas lieu de faire de distinction; si l'on admet la valeur de ces deux déclarations pour les études théologiques, on doit l'admettre aussi pour les études de lettres [29].

Cette opinion est rejetée par la plupart des auteurs parce que, selon eux, la dernière clause ne renvoie pas aux études littéraires [30]. Une autre raison est que le Code demande simplement que les religieux soient proprement instruits dans les disciplines inférieures, ce qui fait dire à Augustine que les règles d'une saine interprétation démontrent que les prescriptions minutieuses de 1909 sur les études inférieures ne tiennent plus [31]. Cette opinion est aussi partagée par Blat, Cocchi et Chelodi [32].

Un certain nombre d'auteurs vont encore plus loin et nient toute force obligatoire aux déclarations de 1909 et 1910, même pour ce qui regarde les études philosophiques et théologiques. Ainsi Toso dit que la dernière clause du canon 589, §1 renvoie à la doctrine de saint Thomas, et que la déclaration de 1909, en conséquence, a perdu sa force depuis 1918 [33]. Oesterle

---

27 *De religiosis* (2 ed., Oeniponte: Typis Feleciani Rauch, 1919), p. 190.

28 *Institutiones*, I, 776.

29 Coronata, *loc. cit.*

30 Vermeersch—Creusen, *Epitome*, I, 539.

31 Augustine, *Commentary*, III, 294.

32 Blat, *De religiosis*, p. 427; Cocchi, Commentarium, V. II, P. II, 179; Chelodi, *Ius de personis*, p. 459.

33 Toso, *Commentaria*, V, 165; Beste, *Introductio in Codicem*, p. 401; Sipos, *Enchiridion iuris canonici* (3 ed., Pécs: Ex Typographia « Haldas R.T. », 1936), p. 382.

dénie toute valeur à la déclaration de 1909, en tant qu'elle imposerait des prescriptions qui ne sont pas contenues dans le Code. Selon lui, les derniers mots du canon 589, §1 renvoient aux futures instructions du Saint-Siège sur ce sujet. Il prouve son avancé en donnant d'abord le principe général que les lois regardent le futur et non le passé [34]; puis il fait remarquer que souvent le Code fait appel à des instructions futures [35] et que, lorsqu'il renvoie aux instructions passées, il le dit explicitement [36]. Un autre argument en faveur de cette opinion est que, dans la déclaration de 1909, on avait promis une instruction sur les études, laquelle instruction n'est jamais parue [37]. De plus, le document de 1909 n'est pas à proprement parler une instruction mais une déclaration; or, c'est aux instructions seulement que renvoie le canon 589, §1 [38].

À cause de l'obscurité du texte et des auteurs qui supportent ces différentes théories, chacune de ces opinions a sa probabilité. Pratiquement le Code et les documents subséquents du Saint-Siège ont beaucoup changé le contenu des déclarations de 1909 et 1910, de sorte que, même si elles restaient en force, elles n'ajouteraient pas beaucoup à la législation actuelle. Les additions les plus importantes porteraient sur les études inférieures; or, la plupart des auteurs rejettent la valeur actuelle de ces prescriptions sur le sujet.

L'opinion d'Oesterle semble la plus solide parce que le Code a certainement repris la matière des études pour la traiter de nouveau. De plus, à quoi servirait le Code s'il fallait toujours recourir aux anciens documents pour avoir la vraie législation [39].

---

34 Can. 10.

35 Can. 1272.

36 Can. 624: « ...religiosi utriusque sexus stare debent instructionibus a Sede Apostolica hac de re datis ».

37 Oesterle, « De ratione studiorum in religionibus clericalibus, » — *CpR*, VI (1925), 308-309.

38 Vermeersch—Creusen, *Epitome*, I, 539.

39 Vermeersch—Creusen, *loc. cit.*

Pour prouver que les déclarations de 1909 et 1910 ont été abrogées, Larraona donne un argument que personne jusqu'à présent n'a réfuté. Les études nécessaires pour l'ordination sont actuellement les mêmes pour le clergé séculier et le clergé régulier [40]; or, les déclarations de 1909 et 1910 n'ont jamais lié le clergé séculier. Il est donc logique de conclure qu'elles ont maintenant perdu leur force pour les religieux [41]. Est-ce à dire que ces déclarations n'ont aucune valeur? Elles gardent maintenant une certaine force directive en tant qu'elles peuvent expliquer certains mots du Code, comme *année scolaire, vacances,* etc [42].

Article III

Matières enseignées

Canon 589, §1. Religiosi in inferioribus disciplinis rite instructi, in philosophiæ studia saltem per biennium et sacræ theologiæ saltem per quadriennium, doctrinæ D. Thomæ inhærentes ad normam can. 1366, §2, diligenter incumbant, secundum instructiones Apostolicæ Sedis.

Canon 1365, §1. In philosophiam rationalem cum affinibus disciplinis alumni per integrum saltem biennium incumbant.

§2. Cursus theologicus saltem integro quadriennio contineatur, et, præter theologiam dogmaticam et moralem, complecti præsertim debet studium sacræ Scripturæ, historiæ ecclesiasticæ, iuris canonici, liturgiæ, sacræ eloquentiæ et cantus ecclesiastici.

---

40 Cc. 976; 996; etc.

41 Larraona, *CpR*, V (1924), 103.

42 Oesterle, « De ratione studiorum in religionibus clericalibus, » — *CpR*, VI (1925), 309; — *Prælectiones iuris canonici*, I, 327.

§3. Habeantur etiam lectiones de theologia pastorali, additis practicis exercitationibus præsertim de ratione tradendi pueris aliisve catechismum, audiendi confessiones, visitandi infirmos, assistendi moribundis.

A. *Philosophie*

Après avoir fait leurs études primaires et secondaires, les jeunes religieux doivent étudier la philosophie pendant deux ans. Ces deux ans sont un minimum [43] et, pour l'Italie, la Congrégation des Séminaires ordonna une année supplémentaire [44]. Le canon 1365, §1 ajoute à l'étude de la philosophie l'étude des sciences connexes, et cette prescription lie aussi les religieux [45].

La philosophie que l'on doit enseigner est la philosophic *scolastique* [46], selon la méthode et les principes de saint Thomas, comme on le verra plus bas [47]. Cette philosophie doit comprendre la logique, la métaphysique générale (ontologie), la psychologie, la théodicée, l'éthique et le droit naturel [48]. On pourrait joindre a cette liste la critériologie. Les *ordinationes* de la Congrégation des Séminaires, faites à l'occasion de la constitution « *Deus scientiarum Dominus* », donnent les matières citées plus haut et ajoutent l'histoire de la philosophie [49].

Pour les sciences connexes, il n'y a pas d'instruction générale du Saint-Siège. Les universités qui donnent un grade en philo-

---

[43] S. C. de Sem. et Univ., litt. « *Vixdum hæc Sacra Congregatio* » (ad Germaniæ Episcopos), 9 oct. 1921 — *Ench. Cler.* n. 1127.

[44] S. C. de Sem. et Univ., *Ordinamento dei Seminari* (Typografia Poliglotta, 1920), p. 23; cité dans la suite *Ordinamento.*

[45] Wernz—Vidal, *De religiosis*, p. 323.

[46] Par exemple: Pius XI, ep. ap. « *Unigenitus Dei Filius* », 19 mart. 1924 — *AAS*, XVI (1924), 144.

[47] P. 111.

[48] S. C. de Sem. et Univ., *Ordinamento*, p. 23.

[49] S. C. de Sem. et Univ., ordinationes, 24 maii 1931 — *AAS*, XXIII (1931), 271.

sophie doivent enseigner la biologie, la physique, la chimie et les mathématiques [50]. Dans les séminaires italiens, les matières auxiliaires sont les mathématiques, la physique, les sciences naturelles, le latin, le grec et l'italien [51]. Ce programme est une règle sûre pour les autres pays. Cette instruction a été recommandée aux évêques de Tchécoslovaquie [52]. En dehors de l'Italie, il est évident que l'italien sera remplacé par la langue du pays [53].

Ces deux années de philosophie sont absolument nécessaires pour ceux qui veulent recevoir les ordres [54]; elles sont aussi requises pour l'obtention d'un grade en théologie ou en droit canon [55]. Cependant les laïques qui veulent prendre leur doctorat en droit canon sont dispensés de cette prescription [56].

Les étudiants en philosophie ne doivent pas négliger l'étude de la religion. On leur suggère le Catéchisme romain comme manuel [57].

---

50 *Ibid.*, 272.

51 S. C. de Sem. et Univ., *Ordinamento*, p. 23.

52 Benedictus XV, ep. « *Sæpe Nobis* » (ad Episcopos Czecoslovachiæ), 30 nov. 1921 — *AAS*, XIII (1921), 556.

53 Dans les pays où l'on parle plusieurs langues, l'Église demande que les prêtres apprennent une langue seconde; cf. *Concilium plenarium Quebecense* (Quebeci, 1912), decretum 166: « Valde item optandum est his in regionibus, ut qui gallice loquuntur non gallicam linguam tantum, nec qui anglice loquuntur tantum anglicam linguam, sed utrique duas illas calleant linguas; quæ multis in locis ad sacramentorum verbique Dei dispensationem simul requiruntur. — Addimus utilissimum fore, si aliqui saltem, vel ab annis seminarii, studio linguæ Italorum aliorumque populorum penes nos viventium incumbant ».

54 Can. 976.

55 Pius X, litt. encycl. « *Pascendi* », 8 sept. 1907, 44 — *Fontes*, n. 680; S. C. de Sem. et Univ., declar., 27 april. 1927 — *AAS*, XIX (1927), 194.

56 S. C. de Sem. et Univ., declar., 11 april. 1928 — *AAS*, *XX* (1928), 15.

57 Pius XI, ep. ap. « *Unigenitus Dei Filius* », 19 mart. 1924 — *AAS*, XVI (924), 141: « Quæ, ceteroqui, religionis studia, ut obiter dicamus, ipsi philosophiæ scholasticæ auditores exercere ne desinant; aureo autem illo percommode utantur *Catechismo Romano*, in quo nescias utrum magis mirere, copiamne sanæ doctrinæ, an latini sermonis elegantiam. Quodsi clerici vestri, inde ab ætatis flore, doctrinam sacram

La philosophie doit avoir évidemment la première place. Les instructions du Saint-Siège ne déterminent toutefois pas le nombre d'heures pendant lesquelles il faut l'enseigner; mais il semble que huit ou neuf heures par semaine soient un minimum si l'on veut enseigner cette science convenablement [58].

B. *Théologie*

Le programme du cours de théologie se trouve au canon 1365 qui divise les matières en principales et secondaires. Les matières principales sont le dogme, la morale, l'Écriture sainte, l'histoire ecclésiastique et le droit canon [59]; les deux premiers sujets sont considérés comme sujets essentiels [60]. Les matières auxiliaires sont la liturgie, la prédication, le plain-chant, la théologie pastorale [61], en plus d'autres sujets imposés par le Saint-Siège après la publication du Code.

Cette division entre matières principales et secondaires ne veut pas dire que l'enseignement de ces dernières soit libre. Benoît XV, il est vrai, avait dispensé les séminaires de moindre

---

ex fonte isto haurire assueverint, superquam quod ad Theologiæ studia paratiores exsistent, ex usu absolutissimi operis capient profecto unde sapienter et populum erudiant et commenta refellant quæ in doctrinam revelatam effuti solent ».

58 Augustine, *Commentary*, VI, 309; pour le programme des deux années de philosophie chez les principales nations, voir Langasco, *De institutione clericorum in disciplinis inferioribus*, pp. 224-232, 1242-1247; pour les États-Unis, voir Heck, *The Curriculum of the Major Seminary in Relation to Contemporary Conditions* (Washington, D.C.: The Catholic University of America, 1935), pp. 58-69.

59 Can. 1366, §3; S. C. de Sem. et Univ., *Ordinamento*, p. 28; litt. « *Vixdum hæc sacra Congregatio* » (ad Germaniæ Episcopos), 9 oct. 1921 — *Ench. Cler.* n. 1131; Vermeersch—Creusen, *Epitome*, II, 485; pour ceux qui prennent un degré en théologie, les matières principales sont, outre les matières citées, l'histoire ecclésiastique, la patrologie, l'archéologie chrétienne et les instituts de droit canon (S. C. de Sem. et Univ., ordinationes, 24 maii 1931 — *AAS*, XXIII [1931], 270-271).

60 Vermeersch—Creusen, *loc. cit.*

61 Can. 1365, §1; S. C. de Sem. et Univ., *Ordinamento*, p. 28.

importance d'enseigner certains sujets secondaires[62] et quelques auteurs disent encore que l'enseignement de ces matières est libre[63]. Cependant la pratique courante de la curie romaine est maintenant de regarder ces matières comme obligatoires dans tous les grands séminaires[64].

§1. Matières principales

a) Dogme et morale

Le Code n'a pas donné de législation sur la méthode d'enseigner ces deux sciences. La lettre de la Congrégation des Séminaires aux évêques d'Allemagne donne des principes qui peuvent s'appliquer partout. En dogme, le professeur doit se servir à la fois de la méthode positive et de la méthode scolastique. Les deux sont nécessaires pour expliquer et prouver les mystères de la religion[65].

Pour ce qui est de la théologie morale, elle doit être à la fois théorique et pratique; on doit enseigner d'abord les principes,

---

62 S. C. de Sem. et Univ., *Ordinamento*, p. 28.

63 Vermeersch—Creusen, *Epitome*, II, 485; Coronata, *Institutiones*, II, 294.

64 *Ench. Cler.*, n. 1106, nota *: « ...S. C. de Seminariis et Studiorum Universitatibus, iam inde a pluribus annis, omnibus Seminariis theologicis disciplinas non solum *principales* sed *secundarias* præcipere soleat ».

65 S. C. de Sem. et Univ., litt. « *Vixdum hæc Sacra Congregatio* » (ad Germaniæ Episcopos), 9 oct. 1921 — *Ench. Cler.*, nn. 1132, 1133, 1135; Sixtus V, bulla « *Triumphantis Ierusalem* », 14 mart. 1588 — *Bull. Rom.* VIII, 1005; Pius IX, *Syllabus* (prop. damn. 13): « Methodus et principia, quibus antiqui doctores scholastici Theologiam excoluerunt, temporum nostrorum necessitatibus scientiarumque progressui minime congruunt » — Denzinger—Bannwart—Umberg, *Enchiridion symbolorum* (18-20 ed., Friburgi Brisgoviæ: Herder & Co., 1932), n. 1713; Pius X, litt. encycl. « *Pascendi* », 8 sept. 1907, 44: « Maior profecto quam antehac positivæ theologiæ ratio est habenda; id tamen sic fiat, ut nihil scholastica detrimenti capiat, iique reprehendantur, utpote qui modernistarum rem gerunt, quicumque positivam sic extollunt ut scholasticam theologiam despicere videantur » — *Fontes*, n. 680.

puis donner aux étudiants des *casus conscientiæ* qui leur permettront d'appliquer la théorie à un cas pratique. Les professeurs suivront, en plus de saint Thomas, saint Alphonse de Liguori; ils éviteront de la sorte le rigorisme et le laxisme [66]. Comme complément des études de morale le professeur doit donner aux étudiants les éléments de la sociologie chrétienne. Ce cours avait été imposé par Léon XIII pour permettre aux prêtres de réfuter les erreurs du socialisme et du communisme [67].

Le Code n'a pas de prescription spéciale pour l'enseignement de l'ascétique et de la mystique. Ces deux branches de la théologie sont assez connexes avec la morale et doivent être enseignées dans les séminaires [68]. Mais il n'est pas nécessaire d'assigner une heure spéciale pour ces deux disciplines. Elles peuvent être combinées avec l'enseignement de la morale ou avec les conférences spirituelles du directeur [69].

b) Écriture sainte

La troisième matière donnée dans le canon 1365, §2 est l'Écriture sainte. Depuis Léon XIII, le Saint-Siège a donné au monde catholique plusieurs documents sur le sujet [70]. Le

---

66 S. C. de Sem. et Univ., *ibid.*, n. 1135. Sur l'autorité de saint Alphonse, voir J. L. Jansen, « Le cinquantenaire du doctorat de saint Alphonse-M. de Liguori, » — *NRTH*, XLIX (1922), 294-303; — « Ein Brief Sr. Heiligkeit Papst Benedict XV. über den heiligen Alfons de Liguori, » — *TPQ*, LXXV (1922), 190-198.

67 Leo XIII, ep. encycl. « *Fin dal principio* », 8 dec. 1902 — *Fontes*, n. 650; Coronata, *Institutiones*, II, 292; S. C. de Sem. et Univ., *Ordinamento*, p. 33; litt. « *Vixdum hæc Sacra Congregatio* », 9 oct. 1921 — *Ench. Cler.*, n. 1135.

68 Coronata, *Institutiones*, II, 294; S. C. de Sem. et Univ., *Ordinamento*, p. 33: litt. « *Vixdum hæc Sacra Congregatio* », 9 oct. 1921 — *Ench. Cler.*, n. 1135.

69 Coronata, *loc. cit.*

70 Leo XIII, litt. encyl. « *Providentissimus Deus* », 18 nov. 1893 — *Fontes*, n. 621; litt. ap. « *Vigilantiæ* », 30 oct. 1902 — *Fontes*, n. 649;

document le plus important en ce qui concerne les séminaires est la lettre apostolique de Pie X « *Quoniam in re biblica* » qui donne une législation complète sur l'enseignement de cette science. Le programme donné embrasse beaucoup. D'abord, le professeur doit donner aux étudiants une introduction générale traîtant de l'inspiration, du canon, du texte, des versions et de l'interprétation des livres saints [71]. Ensuite le programme continue avec l'histoire biblique, une introduction spéciale traîtant de l'authenticité et, s'il y a lieu, de l'historicité de chaque livre, avec une brève analyse. On devra porter une attention spéciale aux livres historiques, aux rapports du peuple hébreu avec les autres nations, aux principales prophéties messianiques, au Nouveau Testament, et aux textes qui ont une relation avec la théologie. On devra enseigner aux étudiants les plus prometteurs le grec biblique, l'hébreu, et si possible, une autre langue sémitique. La lettre exhorte aussi les clercs à continuer par eux-mêmes leurs études, en lisant la bible avec l'aide de bons ouvrages sur la géographie, l'histoire et les coutumes bibliques.

Quant au temps consacré à l'enseignement de cette matière, la lettre ne donne aucune précision; cependant l'Écriture sainte doit être enseignée dans chacune des années du cours de théologie. Pour ce qui est de la méthode, la lettre avertit les professeurs de suivre l'enseignement de l'Église et la tradition [72].

Pius X, litt. ap. « *Scripturæ Sanctæ* », 3 febr. 1904 — *AAS*. XXXVI (1903-1904), 530; litt. ap. « *Quoniam in re biblica* », 27 mart. 1906 — *Fontes*, n. 672; motu proprio « *Præstantia* », 18 nov. 1907 — *Fontes*, n. 726; litt. ap. « *Vinea electa* », 7 maii 1909 — *AAS*, *I* (1909), 447; Benedictus XV, litt. encycl. « *Spiritus Paraclitus* », 15 sept. 1920 — *AAS*, XII (1920), 384; Pius XI, motu proprio « *Bibliorum scientiam* », 27 sept. 1924 — *AAS*, XVI (1924), 180.

71 Ce cours doit se donner en première année de théologie; voir S. C. de Sem. et Univ., *Ordinamento*, p. 29.

72 Voir aussi S. C. de Sem. et Univ., litt. « *Vixdum hæc Sacra Congregatio* », 9 oct. 1921 — *Ench. Cler.*, n. 1136-1137.

La lettre de Pie X fut recommandée à l'Italie [73], à l'Allemagne [74] et, par Pie XI, aux autres pays de l'univers [75]. Les autres documents des souverains pontifes sont dogmatiques ou disciplinaires, mais sont de moindre importance pour les séminaires [76].

c) Histoire et droit canon

Les deux autres matières principales mentionnées dans le Code sont l'histoire de l'Église et le droit canon. Il n'y a pas de législation générale sur ces deux sujets [77]. Pour l'enseignement de l'histoire ecclésiastique, la Congrégation des Séminaires rappelle aux professeurs de ne pas passer sous silence le côté surnaturel de l'Église, autrement, cette histoire demeure inintelligible; ils devront montrer par des considé-

---

[73] S. C. de Sem. et Univ., *Ordinamento*, p. 31.

[74] S. C. de Sem. et Univ., litt. « *Vixdum hæc Sacra Congregatio* », 9 oct. 1921 — *Ench. Cler.*, n. 1136.

[75] S. C. de Sem. et Univ., ep. « *Suprema Sacra Congregatio* » (ad Rmos Episcopos), 25 ian. 1924 — *Ench. Cler.*, n. 1181; la lettre dit: « Sacræ Scripturæ studium ad eas leges dirigatur, quas extremis præsertim temporibus statuerunt Summi Pontifices: Leo XIII, Pius X, Benedictus XV ».

[76] Leo XIII, litt. ap. « *Vigilantiæ* », 30 oct. 1902 — *Fontes*, n. 649: fondation de la Commission Biblique; Pius X, litt. ap. « *Scripturæ Sanctæ* », 23 febr. 1904 — *ASS*, XXXVI (1903-1904), 530: grades en écriture sainte; litt. ap. « *Vinea electa* », 7 maii 1909 — *AAS*, I (1909), 447: fondation de l'Institut Biblique. Voir cependant Leo XIII, litt. encycl. « *Providentissimus Deus* », 18 nov. 1893, n. 7 — *Fontes*, n. 621. Pour l'histoire de l'étude de l'Écriture sainte chez les religieux voir Panadés, « De lectione ac studio sacræ scripturæ penes religiosos, » — *CpR*, I (1920), 183-185; 279-287; II (1921), 52-58; 85-89; 154-156; 186-188; 234-245; 307-312; 333-347; III (1922), 113-121; 178-183; 229-230; 277-280; 346-358; IV (1923), 20-25; 53-56; 82-88; 149-156.

[77] Pour la législation sur les grades en droit canon, voir S. C. de Sem. et Univ., decr. « *Cum novum* », 7 aug. 1917 — *AAS*, IX (1917), 439; decr. « *Legum canonicarum* », 31 oct. 1918 — *AAS*, X (1918), 19; Pius XI, const. ap. « *Deus scientiarum Dominus* », 4 maii 1931 — *AAS*, XXIII (1931), 241-262, *passim;* S. C. de Sem. et Univ., ordinationes, 24 maii 1931 — *AAS*, XXIII (1931), 263.

rations philosophiques la providence de Dieu dans les différents événements [78].

Pour ce qui est du droit canon, la Congrégation a recommandé de prendre chaque institut séparément et de donner les principes communément admis sur la matière. On doit aussi donner les éléments du droit public [79].

§2. Matières auxiliaires

Les matières auxiliaires indiquées au canon 1365 sont la liturgie, l'éloquence sacrée, le chant ecclésiastique et la théologie pastorale. La liturgie peut se diviser en deux parties: l'une théorique et l'autre pratique. La première partie donnera l'origine, le développement et l'explication des cérémonies sacrées; la seconde montrera aux séminaristes comment remplir les différentes fonctions liturgiques: célébration de la messe et administration des sacrements et des sacramentaux. Toute l'étude devra être conduite de façon à être utile à la vie spirituelle des séminaristes et à leur donner une meilleure intelligence du dogme, selon l'axiome *lex orandi lex credendi* [80].

Pour l'éloquence sacrée, les documents publiés sous Benoît XV donnent les précisions nécessaires. Ce pape écrivit une

---

78 S. C. de Sem. et Univ., *Ordinamento*, p. 35; Leo XIII, ep. « *Sæpe numero* » (ad Emos DD. Cardinales Vicecancellarium S. R. E., *Bibliothecarium* S. R. E., Tabulariis Vaticanis Præfectum, 18 aug. 1893 — *Ench. Cler.* n. 441; ep. encycl. « *Depuis le jour* » (ad Episcopos et Clerum Galliæ), 8 sept. 1899, n. 26 — *Fontes*, 641; S. C. de Sem. et Univ., litt. « *Vixdum hæc Sacra Congregatio* », 9 oct. 1921 — *Ench. Cler.*, n. 1139.

79 S. C. de Sem. et Univ., *Ordinamento*, p. 34; litt. « *Vixdum hæc Sacra Congregatio* » — *Ench. Cler.*, n. 1138; pour les États-Unis, voir Letter of the Apostolic Delegate to the U.S.A. on behalf of the Sacred Congregation of Seminaries and Universities, May 26, 1928, qui a cette remarque: « The study of Canon Law should be given a more important place in the curriculum of the Seminary than it has held up to date » — *Ench. Cler.*, n. 1254.

80 S. C. de Sem. et Univ., *Ordinamento*, p. 35.

encyclique sur la prédication [81] et, peu de temps après, la Consistoriale donna une instruction sur ce sujet [82]. La partie concernant les séminaires des séculiers et des réguliers peut se résumer comme suit:

1. Les ordinaires et les supérieurs religieux sont strictement tenus de former leurs clercs à un style de prédication saint et salutaire, durant le temps des études, avant et après l'ordination.

2. Ils devront voir à ce que les clercs, durant le temps des études, reçoivent des cours sur les différentes manières de prêcher et que ceux-ci puissent lire et apprécier les sermons des Pères, sans parler des modèles donnés dans le Nouveau Testament.

3. Les ordinaires devront voir à ce que l'on enseigne aux jeunes clercs les principes du débit et de l'action oratoires, de sorte que ceux-ci seront formés à un sérieux, une simplicité et une clarté qui ne sentent pas le théâtre, mais qui conviennent au verbe divin et qui permettent au prédicateur de parler avec conviction.

4. Les supérieurs de séminaires devront s'efforcer de trouver le genre de prédication le plus adapté aux talents de chaque clerc et en faire rapport à l'ordinaire [83]. Il faut se rappeler que ces cours ne doivent pas avoir pour but de former de grands orateurs mais de bons catéchistes [84].

Le troisième sujet auxiliaire est le chant ecclésiastique. Déjà le concille de Trente en avait ordonné l'enseignement dans les séminaires [85]. Pie X lança une réforme du chant

---

[81] Benedictus XV, litt. encycl. « *Humani generis* », 15 iunii 1917 — *AAS*, IX (1917), 305.

[82] S. C. Consist., instr., 28 iunii 1917 — *AAS*, IX (1917), 331.

[83] S. C. Consist., instr., 28 iunii 1917 — *AAS*, IX (1917), 334.

[84] Pius X, litt. encycl. « *Acerbo nimis* », 15 april. 1905, n. 18: « Facilius est longe reperire oratorem qui copiose dicat ac splendide, quam catechistam » — *Fontes*, n. 666; cf. McVann, *The Canon Law on Sermon Preaching* (New York: The Paulist Press, 1940), pp. 165-168.

[85] Conc. Trid., sess. XXIII *de ref.*, c. 18.

grégorien[86]; sa législation demeure en vigueur après le Code, selon la volonté de Pie XI qui a ajouté certaines directives concernant les séminaires :

> Quicumque sacerdotio initiari cupiunt, non modo in Seminariis sed in religiosorum domibus, iam inde a prima ætate cantu gregoriano et musica sacra imbuantur; propterea quod facilius tum ea perdiscunt, quæ ad modulationes sonosque pertinent; et vocis vitia, si fortasse habeant, eradicare vel saltem corrigere queunt, quibus quidem postea, adultiores ætate, mederi prorsus non possent. Ab ipsis primordiorum scholis institutio cantus et musicæ incipienda est, ac deinde in gymnasio et lycæo continuanda; ita enim qui sacros ordines suscepturi sunt, cum iam cantus periti sensim sine sensu facti sint, in Theologicorum studiorum curriculo, sine ullo quidem labore ac difficultate, altiore illa disciplina institui poterunt quam verissime *œtheticam* dixeris monodiæ gregorianæ ac musicæ artis, polyphoniæ atque organi, quamque clerum pernoscere omnino decet.
>
> Esto igitur in Seminariis ceterisque studiorum domiciliis, utrique clero recte conformando, brevis quidem sed frequens ac pæne cotidiana cantus gregoriani et musicæ sacræ lectio vel exercitatio; quæ si liturgico spiritu peragatur, solatium potius quam onus. post severiorum disciplinarum studium, alumnorum animis afferet. Auctior ita pleniorque utriusque cleri in liturgica musica institutis id certe efficiet ut ad dignitatem priscam splendoremque *chorale officium* restituatur, quod pars est divini cultus præcipua;

---

86 Pius X, motu proprio « *Tra le sollecitudini* », 22 nov. 1903 — *ASS*, XXXVI (1903-1904), 329-339; la traduction latine a pour titre « *Inter plurimas pastoralis* » — *ASS*, XXXVI (1903-1904), 387-395; ep. « *Quod Nobis est in votis* », (ad Card. Respighi) 8 dec. 1903 — *ASS*, XXXVI (1903-1904), 383.

itemque ut *scholæ* et *capellæ musicorum,* quas vocant, ad veterem gloriam revocentur [87].

L'obligation d'enseigner le chant grégorien dans les maisons d'études a été rappelée par la Congrégation des Religieux au président de l'association cécilienne d'Italie [88].

La dernière matière indiquée par le Code est la théologie pastorale. Le canon 1365, §3 dit:

> **Habeantur etiam lectiones de theologia pastorali, additis practicis exercitationibus præsertim de ratione tradendi pueris aliisve catechismum, audiendi confessiones, visitandi infirmos, assistendi moribundis.**

Cette science doit avoir une place importante dans le curriculum du séminaire; l'enseignement doit en être pratique et adapté aux conditions modernes [89]. À la théologie pastorale on peut rattacher la catéchistique qui permettra aux prêtres de remplir les obligations du canon 1333 [90]. Après le Code, la Congrégation des Séminaires a recommandé cette étude [91].

Un autre enseignement qui peut se rattacher à la théologie pastorale est celui de l'Action catholique. L'Action catholique, c'est-à-dire la participation du laïcat à l'apostolat hiérarchique

---

[87] Pius XI, const. « *Divini cultus* », 20 dec. 1928 — *AAS*, XXI (1929), 36-37; can. 1264; Coronata, *Institutiones*, II, 161.

[88] S. C. de Religiosis, litt., 18 febr. 1927 — *CpR*, VIII (1927), 427-428.

[89] Pius XI, ep. ap. « *Officiorum omnium* », 1 aug. 1922 — *AAS*, XIV (1922), 456.

[90] Can. 1333, §1. « Parochus in religiosa puerorum institutione potest, imo, si legitime sit impeditus, debet operam adhibere clericorum, in parœciæ territorio degentium, aut etiam, si necesse sit, piorum laicorum, potissimum illorum qui in pium sodalitium *doctrinæ christianæ* aliudve simile in parœcia erectum adscripti sint ».
§2. « Presbyteri aliique clerici, nullo legitimo impedimento detenti, proprio parocho in hoc sanctissimo opere adiutores sunto, etiam sub pœnis ab Ordinario infligendis ».

[91] S. C. de Sem. et Univ., ep. « *Ad regnum Iesu Christi* » (ad Rmos Ordinarios), 8 sept. 1926 — *AAS*, XVIII (1924), 453.

de l'Église [92], a toujours existé dans l'Église, mais, dû aux conditions modernes, elle a pris d'importants développements dans ces derniers temps, surtout avec Pie XI[93]. Celui-ci a exhorté à maintes reprises les évêques et les supérieurs religieux à préparer leurs clercs à ce nouveau champ d'action. Peu de temps avant sa mort, il déclara que l'enseignement de l'Action catholique est maintenant une partie intégrante de l'enseignement de la théologie pastorale dans les séminaires [94].

Outre ces matières, Pie XI a demandé aussi que l'on enseignât dans les séminaires les questions touchant les Orientaux. Depuis le siècle dernier surtout, l'Église a montré beaucoup de sollicitude pour l'Église Orientale. Les lettres de Pie IX [95] et de Léon XIII [96] sont connues de tout théologien. Benoît XV établit la Congrégation pour l'Église Orientale [97] et fonda l'Institut pontifical d'études orientales pour les prêtres des deux rites qui veulent travailler parmi les Orientaux; il invita

---

92 Guerry, *L'Action catholique, textes pontificaux classés et commentés* (Paris: Desclée de Brouwer, 1936), p. 14.

93 Civardi, *Manuel d'Action catholique* (traduction française par J. Claes, Bruxelles: Éditions de la Cité Chrétienne, 1934), pp. 6, 84.

94 Pius XI, litt. « *Con singulare compiacenza* », 10 feb. 1939, lettre rapportée par Tromb, « Ultima monita Pii Pp XI de Actione Catholica evolvenda et intensificanda » — *Periodica*, XXVIII (1939), 103. Cf. Pius XI, ep. « *Observantissimas litteras* » (ad Episcopos Columbiæ), 14 feb. 1934 — *Ench. Cler.*, n. 1325; S. C. de Sem. et Univ., litt. « *In conventu plenario* » (ad Lusitaniæ Ordinarios), 8 sept. 1935 — *Ench. Cler.*, n. 1359; Pius XI, ep. « *Quamvis Nostra* » (ad Card. Leme de Silveira Cintra ceterosque Archipiscopos Brasiliæ), 27 oct. 1935 — *AAS*, XXVIII (1936), 162; serm. « *Il primo invito* », 12 mart. 1936 — *Ench. Cler.*, n. 1501-1508; Secret. Status, litt. « *Sono ben note* » 15 marzo 1936 — *CpRM*, XVIII (1937), 141.

95 Pius IX, litt. ap., « *Arcano Divinæ Providentiæ* », 8 sept. 1868 — *ASS*, IV (1868), 129.

96 Leo XIII, litt. ap. « *Orientalium* », 30 nov. 1899 — *Fontes*, n. 627; ep. ap. « *Præclara* » 20 iunii 1894, n. 6 — *Fontes*, n. 625.

97 Benedictus XV, motu proprio « *Dei providentis* », 1 maii 1917 — *AAS*, XI (1917), 529.

aussi les prêtres orthodoxes à venir y suivre des cours [98]. Pie XI écrivit une encyclique sur la question orientale [99], et peu de temps après, la Congrégation des Séminaires demanda aux évêques de faire enseigner cette matière dans leurs séminaires. En dogme, les professeurs verront les principaux points discutés par les Orientaux, tels que la primauté de Pierre, l'épiclèse, le *Filioque,* etc. Le professeur d'histoire soulignera les efforts des papes pour ramener les schismatiques à l'unité, et le professeur de liturgie devra expliquer les rites de l'Église grecque avec non moins de respect que ceux de l'Église latine [100].

Pour être complet, on doit ajouter à toutes ces matières la missiologie ou science des missions. L'enseignement de cette science aura pour but d'intéresser le prêtre aux missions, et par ricochet les fidèles [101].

Le programme d'études donné par le Code et amplifié par les instructions du Saint-Siège est assez chargé. Il faut se rappeler avec Vermeersch—Creusen qu'il n'est pas nécessaire d'organiser des cours séparés pour chaque matière secondaire. Plusieurs points de théologie pastorale peuvent se donner en morale, la théologie orientale peut se combiner avec le dogme, etc [102]. Enfin, quoique la division entre matières principales et secondaires n'indique pas que celles-ci soient facultatives, néanmoins elle montre certainement que ces dernières sont moins importantes, et conséquemment, qu'il faut observer une hiérarchie dans l'enseignement de ces différentes matières.

---

99 Pius XI, litt. encycl. « *Rerum Orientalium* », 8 sept. 1928 — *AAS,* XX (1928), 146.

100 S. C. de Sem. et Univ., litt. circul. « *Quod catholicis* » (ad Rmos Ordinarios), 28 aug. 1929 — *AAS,* XXII (1930), 146.

101 Benedictus XV, ep. ap. « *Maximum illud* », 30 nov. 1919 — *AAS,* XI (1919), 440.

102 Vermeersch—Creusen, *Epitome,* II, 485.

98 Benedictus XV, motu proprio, « *Orientis catholici* », 15 oct. 1917 — *AAS,* XI (1917), 531.

Article IV

La doctrine de saint Thomas

La philosophie et la théologie doivent s'enseigner selon saint Thomas. Le canon 589, §1 renvoie au canon 1366, §2 qui se lit comme suit:

> **Philosophiæ rationalis ac theologiæ studia et alumnorum in his disciplinis institutionem professores omnino pertractent ad Angelici Doctoris rationem, doctrinam et principia, eaque sancte teneant.**

Le mot *ratio* veut dire *méthode*. La méthode de saint Thomas, c'est la forme scolastique dans laquelle a été composée la *Somme,* comme tous les autres ouvrages théologiques de cette époque. La *doctrine* de saint Thomas, c'est son enseignement pris en bloc. Les *principes* sont les règles ou thèses majeures sur lesquelles tout le système thomiste repose [103].

Les papes ont toujours eu en haute estime la doctrine thomiste [104] mais avec la décadence de la scolastique elle avait été mise au rancart. Léon XIII et ses successeurs entreprirent la tâche de la remettre en honneur [105]. Pie XI déclara que les prescriptions de ses prédécesseurs, surtout de Léon XIII et de Pie X, demeurent en vigueur après le Code [106].

---

103 Augustine, *Commentary,* VI, 401-402; Vermeersch—Creusen, *Epitome,* II, 486; Schæfer, *De religiosis,* p. 645; Coronata, *Institutiones,* II, 295.

104 Léon XIII énumère les principaux dans son encyclique « *Aeterni Patris* » — *Fontes,* n. 578.

105 Leo XIII, ep. encycl. « *Aeterni Patris* », 4 aug. 1879 — *Fontes,* n. 578; Pius X, litt. ap. « *In præcipuis*», 23 ian. 1904 — *Fontes,* n. 659; litt. encycl. « *Pascendi* », 8 sept. 1907, 44 — *Fontes,* n. 680; motu proprio « *Doctoris Angelici* », 29 iunii 1914 — *Fontes,* n. 701; S. C. Stud., decr., 27 iulii 1914 — *Fontes,* n. 6417; S. C. de Sem. et Univ., decr., 7 mart. 1916 — *Fontes,* n. 6418; Pius XI, litt. encycl. « *Studiorum Ducem* », 29 iunii 1923 — *AAS,* XV (1923), 309.

106 Pius XI, litt. encycl. « *Studiorum Ducem* », 29 iunii 1923 — *AAS,* XV (1923), 323.

Les professeurs doivent enseigner la doctrine thomiste et y être sincèrement attachés. Si quelques points de cette doctrine ont été prouvés faux par la science moderne, ils doivent être corrigés [107]. Cet enseignement est spécialement nécessaire dans les questions fondamentales. Pie X avertit les professeurs que, s'ils abandonnent saint Thomas en métaphysique, ce ne peut être sans grave péril[108]; quand l'Église approuve la doctrine d'un théologien en le créant Docteur, elle n'entend pas par là approuver les opinions qui sont contraires à la doctrine thomiste, mais seulement celles qui lui sont conformes ou, du moins, ne lui sont pas opposées [109].

Cependant quoique saint Thomas soit le docteur commun de l'Église et que sa doctrine sur bien des points soit la doctrine de l'Église elle-même [110], les questions discutées par les auteurs de marque peuvent encore être débattues par les théologiens [11]

---

107 Leo XIII, *loc. cit.*

108 Pius X, litt. encycl. « *Pascendi* », 8 sept. 1907, 44 — *Fontes* n. 680.

109 Pius X, motu proprio « *Doctoris Angelici* », 29 iunii 1914 — *Fontes*, n. 701.

110 Pius XI, litt. encycl. « *Studiorum Ducem* » 29 iunii 1923 — *AAS*, XV (1923), 314.

1 *Coronata* (*Institutiones*, II, 295, nota 3) donne la pensée de Benoît XV sur ce sujet telle qu'exprimée au Général de la Compagnie de Jésus; celui-ci dans une lettre intitulée « *De S. Thomæ doctrina magis magisque in Societate fovenda* » communique à ses sujets les directives du pape: « Velle quidem se (i. e. Benoît XV) omnino, ut S. Thomæ doctrinam sequeremur, at nullo pacto ut libertas opinandi restringeretur in iis quoque rebus et quæstionibus, de quibus disputaretur inter catholicos, et quæ disputabiles essent, qualis esset, e.g., disceptatio de distinctione reali inter essentiam et existentiam aliaque id genus quæ in deposito fidei nullo modo continentur; timere se potius, ne, hac libertate præcidendo alæ simul ingeniorum inciderentur cum damno profundioris studii theologici ». Pie XI a la même pensée dans son encyclique: « Scilicet inter amatores sancti Thomæ, quales omnes decet esse Ecclesiæ filios qui in studiis optimis versantur, honestam illam quidem cupimus iusta libertate æmulationem unde studia progrediuntur, intercedere, at obtrectationem nullam quæ nec veritati suffragatur et unice ad dissolvenda valet vincula caritatis. Sanctum igitur unicuique eorum esto quod in Codice iuris canonici (Can. 1366, §2) præcipitur ut' philosophiæ rationalis ac theologiæ studia

Ceci est surtout vrai dans les questions qui ne sont pas le fondement de la doctrine thomiste, comme par exemple le motif de l'Incarnation, etc. Il faut faire une distinction entre l'accessoire et l'essentiel. En effet, l'approbation très spéciale donnée par l'Église aux ouvrages de saint Thomas porte sur son système considéré comme un tout; certaines questions incidentes qui n'appartiennent pas au système et qui peuvent être laissées de côté sans affecter l'ensemble de la doctrine ne jouissent pas de ce privilège [112]. C'est ainsi que certaines opinions de saint Thomas sont communément abandonnées aujourd'hui [113].

L'approbation de l'Église ne s'étend pas aux disciples du saint docteur. C'est ainsi que l'interprétation que donne l'école thomiste aux écrits de saint Thomas n'est pas obligatoire [114]. Il est bon de se rappeler toutefois que l'interprétation des grands thomistes dominicains comporte une présomption de vérité [115].

---

et alumnorum in his disciplinis institutionem professores omnino pertractent ad Angelici Doctoris rationem, doctrinam et principia, eaque sancte teneant'; atque ad hanc normam ita se omnes gerant ut eum ipsi suum vere possint appellare magistrum. At ne quid eo amplius alii ab aliis exigant, quam quod ab omnibus exigit omnium magistra et mater Ecclesia: neque enim in iis rebus, de quibus in scholis catholicis inter melioris notæ auctores in contrarias partes disputari solet, quisquam prohibendus est eam sequi sententiam quæ sibi verisimilior videatur » — Pius XI, litt. encycl. « *Studiorum Ducem* », 29 iunii 1923 — *AAS*, XV (1923), 324. Cependant il bon de remarquer que cette *interprétation privée* donnée à la Compagnie de Jésus n'a pas la même force que les documents *publics* du Saint-Siège.

112 Durst, « Zur Frage der Armenseeleranrufung, » — *TPQ*, LXXV (1922), 648.

113 Raus, « L'enseignement de la doctrine de saint Thomas considéré dans ses rapports avec le Code et les Écoles Théologiques, » — *NRTh*, LII (1925), 273.

114 Coronata, *Institutiones*, II, 295, nota 4.

115 Benedictus XV, ep. « *In cœtu* » (ad Ludovicum Theissling, magistrum generalem O.P.), 29 oct. 1916 — *AAS*, VIII (1916), 397; Pius XI, litt. encycl. « *Studiorum Ducem* », 29 iunii 1923 — *AAS*, XV (1923), 324; Lavaud, « Notes sur l'encyclique *Studiorum Ducem*, » — *Revue Thomiste (Nouvelle série)*, VII (1924), 323.

La doctrine de saint Thomas a été résumée par des théologiens sur l'ordre de la Congrégation des Études qui publia les vingt-quatre thèses thomistes [116]. Ces thèses ont une force directive seulement [117]. Pour ce qui est de la *Somme,* elle est un manuel obligatoire dans les séminaires qui ont le privilège de conférer les grades académiques [118], mais contrairement à ce que dit Augustine [119], il n'en est pas de même dans les autres séminaires. L'usage de la *Somme* est une garantie que l'enseignement donné est réellement thomiste, mais pour des raisons pratiques, il sera souvent difficile de se servir de cet ouvrage comme d'un manuel ordinaire [120].

Professeurs et élèves doivent vénérer la doctrine de saint Thomas et y être sincèrement attachés. Il sera toujours assez difficile de dire si l'enseignement de tel point de doctrine contraire au thomisme est un péché contre la loi de l'Église. Charité et bonne foi régleraient bien des controverses.

Article V

Durée des études

Les canons 589, §1 et 1365, §§1, 2 demandent au moins deux ans de philosophie et quatre ans de théologie avant l'ordination sacerdotale. Le canon 976 donne le nombre d'années minimum avant de recevoir chacun des ordres:

---

[116] S. C. Stud., decr., 27 iulii 1914 — *Fontes,* n. 6417.

[117] S. C. de Sem. et Univ., decr., 7 mart. 1916 — *Fontes,* n. 6418.

[118] Pius X, motu proprio « *Doctoris Angelici* », 29 iunii 1914 — *Fontes,* n. 701.

[119] *Commentary,* VI, 402.

[120] Augustine, *Commentary,* III, 295: « It is the intention of the Holy See that the « *Summa Theologica* » should, if possible, be used as a textbook. However, speaking from passive and active experience, we humbly submit that it is almost impossible to comply with this praiseworthy intention. The bulky commentaries needed to elucidate the « *Summa* » would require ten years of study, not to mention other branches which are equally necessary now-a-days. We may also be permitted to say, as a canonist, that the study of Canon Law, now that the new Code is in force, requires more time than was formerly given to it ».

§1. Nemo sive sæcularis sive religiosus ad primam tonsuram promoveatur ante inceptum cursum theologicum.

§2. Firmo præscripto can. 975 [122] subdiaconatus ne conferatur, nisi exeunte tertio cursus theologici anno; diaconatus, nisi incepto quarto anno; presbyteratus, nisi post medietatem quarti anni.

§3. Cursus theologicus peractus esse debet non privatim, sed in scholis ad id institutis secundum studiorum rationem can. 1365 determinatam.

L'année académique comprend neuf mois [122] et les vacances ne peuvent être abrégées pour commencer une nouvelle année plus tôt et ainsi finir le cours académique en moins de quatre ans [123].

La Congrégation des Religieux avait déclaré avant le Code qu'une interruption de plus de trois mois dans le temps des études rendait nulle l'année académique. Cette déclaration est-elle encore en vigueur? Les canonistes ne sont pas unanimes. La position de chacun dépend de la position déjà prise sur la valeur des déclarations de la Congrégation des Religieux en 1909 et 1910. Si l'on soutient que celles-ci sent encore en force, il faut admettre la même chose pour celle de 1915 [124]. Larraona se sert des mêmes arguments pour soutenir qu'elle n'est plus en vigueur [125]. On reproche à cet auteur de ne pas donner de norme sûre en cette matière [126]; ce reproche n'est pas une réfutation. On pourrait dire qu'une absence notable durant le semestre rend ce semestre nul, et non pas l'année entière, dans les universités où l'année académique est partagée en deux semestres, avec des examens à la fin de chacun.

---

121 Le canon 975 donne l'âge requis pour le sous-diaconat, le diaconat et la prêtrise.

122 S. C. Consist., 24 mart. 1911, ad I — *AAS*, III (1911), 181. Dans les universités romaines l'année académique est moins de neuf mois.

123 S. C. de Religiosis, declar., 31 maii 1910, ad III — *AAS*, II (1910), 450; Hannan — *The Jurist*, I (1914), 153.

124 S. C. de Religiosis, decr., 8 ian. 1915 — *AAS*, VII (1915), 123.

125 Voir p. 89-97.

126 Coronata, *Institutiones*, I, 777.

Dans certains grands séminaires et certaines universités, on admet de nouveaux étudiants en février et on leur fait reprendre le premier semestre à la fin du cours. Ainsi, un étudiant qui serait absent pendant trois mois perdrait le semestre durant lequel il a été absent, mais son deuxième semestre compterait [127]. Pour ceux qui étaient absents moins de trois mois, avec une juste cause, la Congrégation reconnaissait la validité de l'année académique, pourvu qu'un examen montrât que les candidiats avaient une connaissance suffisante de la matière et qu'ils eussent suivi des classes privées [128].

Quand un indult permet aux congrégations religieuses d'ordonner leurs sujets à la fin de la troisième année, il est toujours entendu que ceux-ci doivent continuer leurs études encore un an. Ils n'ont pas la permission de faire du ministère ou d'être employés aux œuvres de la communauté [129]. On pourrait cependant, à l'occasion, permettre un sermon ou une séance de confessions [130]. Les œuvres extérieures de la communauté sont l'enseignement, la surveillance des étudiants, etc [131].

Quand un évêque dispense des interstices, les prescriptions canoniques concernant le temps des études doivent toujours être observées [132].

Le canon 976 prescrit une certaine connaissance théologique avant que les séminaristes puissent être promus aux ordres. On ne peut donner la tonsure à un sujet avant qu'il ait commencé le cours de théologie, et le diaconat avant qu'il ait commencé la quatrième année du même cours [133]. Sur ce canon Augustine fait justement observer ce qui suit:

---

[127] *Statuta Catholicæ Universitatis Americæ a Sancta Sede approbata*, art. 107.

[128] S. C. de Religiosis, declar., 8 ian. 1915, ad I — *AAS*, VII (1915), 123.

[129] S. C. de Religiosis, declar., 27 oct. 1923 — *AAS*, XV (1923), 549.

[130] Schæfer, *De religiosis*, p. 647.

[131] Vermeersch — *Periodica*, XII (1924), 15.

[132] S. C. de Sac., instr., 27 april. 1928, n. 10 — *AAS*, XX (1928), 362.

[133] Can. 976, §1, §2.

> By the term *cursus theologicus* is to be understood theology proper, which presupposes a course in the classics and philosophy... Consequently, although hermeneutics or an Oriental language may be taught in the two year's philosophical course, these would have to be considered as secondary or accessory branches which follow the principal branch, *i.e.*, philosophy [134].

Il en est de même du cours de théologie naturelle donné en philosophie. En conséquence, on ne peut tonsurer des étudiants en philosophie sous prétexte qu'ils ont étudié quelques matières théologiques.

L'année commence avec le premier cours. Une opinion plus large cependant dit que le cours de théologie commence avec l'enregistrement, de sorte que les mots *inceptum cursum theologicum, incepto quarto anno* auraient le sens de *initio anni* [135].

La prêtrise ne peut être conférée avant le second terme de la quatrième année de théologie *(post medietatem quarti anni)*, c'est-à-dire quand la moitié des cours sont donnés. Certains canonistes, d'autre part, pensent que, si durant le temps des examens on ne donne pas de cours, on peut retrancher cette période pour évaluer le milieu de l'année scolaire [136]. Le Code est moins sévère que la déclaration de la Consistoriale de 1911 [137].

Le sous-diaconat peut se donner vers la fin de la troisième année. Ce qui pourrait s'entendre du dernier tiers de l'année académique. Il est bon de rappeler que ces règles sont morales

---

134 Augustine, *Commentary*, IV, 458.

135 « De studiis requisitis ante ordinationem, » — *Periodica*, XII (1923), (9) ; Capello, *De sacramentis*, (Taurinorum Augustæ : Marietti, 1935), V. II, P. III, *De sacra ordinatione*, 391.

136 « De studiis requisitis ante ordinationem, » — *Periodica*, XII (1923), (10).

137 S. C. Consist., 24 mart. 1911 : « Utrum ad effectum sacræ ordinationis studiorum anni expleti dici possunt ad festum Pentecostes seu SSmae Trinitatis ; *Negative* — *AAS*, III (1911), 181.

et non mathématiques; une différence de quelques jours est sans importance [138].

La loi actuelle ne prescrit aucun minimum de cours par semaine. Si l'on considère le programme donné par le Code et les documents pontificaux, avec la déclaration de 1909 qui demande que les années soient vraiment académiques [139], il est clair que l'on doit avoir un bon nombre d'heures de classes. D'un autre côté, ce nombre ne doit pas être tel qu'il épuise les étudiants ou ne leur permette aucun travail personnel. Quinze à dix-huit heures par semaine semblent être une bonne moyenne [140].

Le troisième paragraphe du canon 976 demande que le cours de théologie se fasse non pas privément mais dans des écoles organisées, les études privées n'étant pas valides pour la concession des testimoniales. Ces mêmes études peuvent être convalidées par la Sacrée Congrégation des Religieux seule compétente en cette matière. S'il s'agit d'une ou deux matières secondaires, le supérieur général peut valider ces études sur rapport favorable des examinateurs [141].

---

138 *Periodica, loc. cit.*

139 S. C. de Religiosis, 4 nov. 1909, ad VIII — *AAS*, I (1909), 703.

140 Jombart, « Quot scholarum horæ in cursu theologico sint requisitæ? » — *Periodica*, XX (1939), 16*-20*; Creusen, (« Indult concernant les religieux-soldats en Belgique, » — *NRTh.*, XLXIX [1922], 547), dit: « Une année régulière comporte en moyenne dix-huit à vingt heures de cours par semaine ». Cette norme paraît trop sévère à Jombart si elle est proposée comme obligatoire. Augustine (*Commentary*, VI, 400), se basant sur un document du Saint-Siège (S. C. Consist., litt. circul. [ad Rmos Ordinarios], 16 iulii 1912, n. 7), dit: « There should not be more than four, or at most four and one-half hours school a day, and these should not follow one another consecutively, but should be divided up. Too many lessons are incompatible with the discipline of the seminary, the necessary exercises of piety, and the physical well-being of the students ».

141 S. C. de Religiosis, declar., 7 sept. 1909, ad V — *AAS*, I (1909), 703; Augustine, *Commentary*, IV, 460.

Article VI

Autres prescriptions

A. *Examens*

À la fin de chaque année les jeunes clercs doivent subir un examen, et personne ne doit passer à une classe supérieure sans avoir subi cet examen avec succès [142]. L'examen d'Écriture sainte doit être un examen distinct. En outre, ceux qui sont promus au sacerdoce doivent passer un autre examen spécial sur cette matière [143].

Les candidats aux ordres doivent aussi passer un examen sur l'ordre qu'ils vont recevoir [144]. La matière de cet examen porte sur la nature, le ministre, la forme et la matière de l'ordre à recevoir, et sur les droits et obligations attachées à cet ordre, etc [145]. Quant à ceux qui doivent recevoir les ordres majeurs, ils ont aussi à subir un examen sur des traités de théologie [146]. C'est à l'évêque de déterminer la matière, la méthode à suivre, et les examinateurs [147]. Cette loi lie aussi les religieux exempts; certains ordres ont toutefois des privilèges spéciaux [148]. Les religieux appartenant à des ordres qui ont le privilège de faire ordonner leurs sujets par tout évêque en communion avec le Saint-Siège, doivent subir cet examen devant l'évêque qui les ordonne [149].

---

142 S. C. de Rel., declar., 7 sept .1909, ad IV, VIII — *AAS*, I (1909), 703; Pius XI, litt. ap. « *Unigenitus Dei Filius* », 19 mart. 1924 — *AAS*, XVI (1924), 142-143.

143 Pius X, litt. ap. « *Quoniam in re biblica* », 27 mart. 1906, n. XV — *Fontes*, n. 674.

144 Conc. Trident., sess. XXIII, *de ref.*, cc. 4, 5, 7, 13; can. 996, §1.

145 Capello, *De sacra ordinatione*, p. 506; Augustine, *Commentary*, IV, 522.

146 Can. 996, §2. « Promovendi vero ad sacros ordines in aliis quoque de sacra theologia tractationibus periculum faciant ».

147 Can. 996, §3.

148 Schæfer, *De religiosis*, p. 837.

149 Vermeersch—Creusen, *Epitome*, II, 182.

Comme on vient de le voir, c'est à l'évêque de déterminer la matière exacte de l'examen en théologie avant les ordres. Il est à remarque le mot théologie n'a pas toujours le même sens dans le Code [150]. Au sens strict, ce mot comprend la morale et le dogme mais ne comprend pas le droit canon, l'Écriture sainte, l'histoire, etc. Parce que cette loi impose une obligation, il semble qu'on devrait l'interpréter strictement. D'un autre côté, la Commission Pontificale d'interprétation admet la possibilité de l'interprétation large. On lui demanda :

> In can. 459, §3, 3° Codicis præscribitur ut loci Ordinarius clericum, quem magis idoneum iudicat ad parœciam vacantem, examini super doctrina subiiciat coram se et examinatoribus synodalibus. *Quæritur* utrum periculum de quo in can. 996, §2 et 3, dummodo coram ipsomet Ordinario et examinatoribus synodalibus fiat, sufficere possit saltem ad provisionem pro parœcia; Resp. : *Negative;* nisi examen versetur etiam circa omnia, de quibus interrogandus sit clericus de parœcia providendus [151].

L'ancien droit favorise aussi l'interprétation large. Pour l'Espagne, Innocent XIII fit la législation suivante :

> Qui vero ad presbyteratus erunt assumendi, idonei prius per accuratum similiter examen comprobentur ad ministranda sacramenta et populum docendum quæ scire omnibus necessarium est ad salutem ; quod quidem ut recte præstari possit, eosdem episcopis in Domino hortamur, ut quantum fieri potest, eos tantum ad sacerdotium assumant, qui saltem theologiæ moralis competenter periti sint [152].

La plupart des auteurs qui ont traité cette question prennent au sens large le mot *théologie* du canon 996, §2. Capello,

---

[150] Cc. 421, §1, 1° ; 589, §1 ; 590 ; 1366, §2, §3.

[151] PCI, 24 nov. 1920 — *AAS*, XII (1920), 574.

[152] Innocentius XIII, const. « *Apostolici ministerii* », 23 maii 1723, §5 — *Bull. Rom.* XXI, 933 ; voir aussi Benedictus XIII, const. « *Pastoralis officii* », 27 mart. 1726 — *Bull. Rom.* XXI, 342.

par exemple, dit que la matière de l'examen est habituellement le dogme et la morale, mais que d'autres matières peuvent être ajoutées [153]. Goyeneche, non sans quelque hésitation, admet la même chose [154].

B. *Langue de l'enseignement*

Pour ce qui est de langue dont on doit se servir pour enseigner et pour passer les examens, il n'y a pas de législation générale. C'est cependant l'esprit de l'Église qu'on se serve autant que possible du latin. Une des principales raisons en est que seul le latin peut donner la pleine signification des termes théologiques, parce que c'est la langue des théologiens et des Pères [155]. Dans des cas particuliers, le Saint-Siège a demandé que l'enseignement de la théologie fût fait en latin, comme c'est le cas pour l'Italie [156]. Aux États-Unis, non seulement l'enseignement doit se donner en latin, mais les élèves sont tenus de se servir de cette langue aux examens [157].

C. *Exclusion des devoirs incompatibles avec les études*

Canon 589, §2. Studiorum tempore magistris et alumnis officia ne imponantur quæ a studio eos avocent vel scholam quoquo modo impediant; supremus autem Moderator et in casibus particularibus alii quoque Superiores possunt pro sua prudentia eos a nonnullis communitatis actibus, etiam a choro, præsertim a nocturnis horis eximere, quoties id studiis excolendis necessarium videatur.

---

153 Capello, *De sacra ordinatione*, p. 506.

154 Goyeneche, « De materia examinum quoad religiosos, » — *CpR*, XIX (1938), 84-88.

155 S. C. de Sem. et Univ., litt. *Vixdum hæc Sacra Congregatio* », 9 oct. 1921 — *Ench. Cler.*, n. 1125; Pius XI, ep. ap. « *Officiorum omnium* », 1 aug. 1922 — *AAS*, XIV (1922), 453.

156 S. C. de Sem. et Univ., *Ordinamento*, p. 31.

157 Letter of the Apostolic Delegate to the U.S.A. on behalf of the Sacred Congregation of Seminaries and Universities, May 26, 1928 — *Ench. Cler.*, n. 1254.

Ce canon défend aux supérieurs de confier aux étudiants et aux professeurs des charges qui les empêchent de se donner aux études et d'assister aux classes. On verra au chapitre suivant ce qui concerne les professeurs. Pour ce qui est des étudiants, le Code ne dit pas quels sont les devoirs qui pourraient les distraire dans leurs études. La prescription de la Sacrée Congrégation des Religieux sur les études des jeunes prêtres ordonnés après la troisième année de théologie est une bonne indication de ce qui est défendu [158]. Augustine dit que « if neither school nor study really suffer, suitable work or duties, for instance, mission work for professors (on Sundays), or taking extra lessons or teaching a few hours per week, may be imposed » [159]. Il reste à savoir comment les étudiants en suivant un cours régulier peuvent suivre d'autres cours, ou enseigner, sans que cela nuise à leurs études théologiques. Cette défense ne vaut que pour le temps des études et n'oblige pas durant les vacances [160]. Il faudra cependant toujours accorder aux étudiants des vacances convenables.

La deuxième partie de ce canon donne au supérieur général, et dans des cas particuliers aux autres supérieurs, le pouvoir d'exempter les professeurs et les étudiants de certains exercices de communauté et même du chœur, surtout de l'office de nuit, si c'est nécessaire pour les études. Le supérieur général peut accorder une dispense générale et il peut déléguer les autres supérieurs pour faire de même. D'après les mots du Code, il semblerait que ces dispenses ne doivent s'accorder que durant le temps des études. Une interprétation plus bénigne dit qu'on peut accorder cette dispense même durant le temps des vacances, si c'est utile pour des études futures [161].

---

158 Coronata, *Institutiones*, I, 778; Schæfer, *De religiosis*, p. 647, nota 95; voir p. 118.

159 Augustine, *Commentary*, III, 295.

160 Schæfer, *De religiosis*, p. 648.

161 Schæfer, *loc. cit.; Vermeersch—Creusen, Epitome*, I, 541.

CHAPITRE X

LES PROFESSEURS

Le Code donne certaines prescriptions au sujet des professeurs : nombre, qualités intellectuelles et morales.

Pour ce qui est des qualités morales des professeurs, le canon 587, §1 demande l'observance du canon 554, §3 dans chaque maison d'études. Ce dernier canon se lit comme suit :

> **Superiores in novitiatus ac studiorum domo ne collocent, nisi religiosos qui sint ad exemplum regularis observantiæ.**

Ce canon est semblable au canon 1360, §1 :

> **Firmo præscripto can. 891 [1], ad munus rectoris, directoris spiritus confessariorum et magistrorum Seminarii eligantur sacerdotes non doctrina tantum, sed etiam virtutibus ac prudentia præstantes, qui verbo et exemplo alumnis prodesse possint.**

La raison de ce règlement est évidente. L'exemple des professeurs n'est pas moins nécessaire que les exhortations spirituelles du supérieur. Les professeurs doivent être des exemples pour les étudiants, tant en paroles qu'en actions ; ils doivent être pieux et observer les règles de la communauté surtout en ce qui regarde la vie commune [2].

Au sujet des qualités intellectuelles des professeurs, le Code n'a rien de spécifique concernant les religieux. Cependant le canon 1366 est une bonne indication de ce qui est requis :

---

1 Le maître des novices, son assistant et le supérieur d'un séminaire ne peuvent entendre les confessions de leurs étudiants.

2 Augustine, *Commentary*, VI, 392 ; Bakalarczyk, *De novitiatu*, (Washington, D. C. : Universitas Catholica Americæ, 1927), p. 108, nota 27 ; Pius XI, ep. ap. « *Unigenitus Dei Filius* », 19 mart. 1924 — *AAS*, XVI (1924), 143.

Ad magisterii munus in disciplinis philosophicis, theologicis et iuridicis, ii, ceteris paribus, iudicio Episcopi et deputatorum Seminarii, præferantur, qui laurea doctorali potiti sint in Universitate studiorum vel Facultate a Sancta Sede recognitis, aut si agatur de religiosis, qui simile testimonium a suis Superioribus maioribus habeant.

Pour l'enseignement de la philosophie, de la théologie et du droit canon, on doit choisir, *ceteris paribus,* ceux qui ont obtenu un doctorat d'une université pontificale. Ce n'est pas un strict précepte, et dans certains cas, on doit préférer un religieux qui n'a pas de grade, à un docteur, si ce dernier n'a pas les autres dispositions requises telles que la piété, la prudence, etc [3]. Pour les religieux, le témoignage de leur supérieur concernant leur science peut être accepté comme l'équivalent d'un doctorat, pourvu que l'examen passé dans la communauté soit de même valeur que l'examen du doctorat dans une université [4]. Ce privilège vaut non seulement pour les religieux qui enseignent dans une maison de leur ordre, mais aussi pour ceux qui enseignent dans un séminaire épiscopal [5]. En toute hypothèse, les professeurs doivent connaître leur matière et être capables de l'enseigner [6].

Pour l'Écriture sainte, le pape Pie XI a porté une législation spéciale. Il régla que pour enseigner cette matière le professeur devait avoir une licence en Écriture sainte, ou avoir suivi un cours de deux ans à l'Institut Biblique et y avoir pris le baccalauréat. Il demanda aux supérieurs d'envoyer quelques

---

3 Vermeersch—Creusen, *Epitome*, II, 486; Coronata, *Institutiones*. II, 289; Augustine, *Commentary*, VI, 401.

4 Vermeersch—Creusen, *loc. cit.*

5 Coronata, *Institutiones*, II, 289.

6 Pius XI, ep. ap. « *Unigenitus Dei Filius* », 19 mart. 1924: « Itaque ne magister, ne lector esto nisi qui philosophiæ, theologiæ, copulatarumque disciplinarum cursus laudabiliter confecerit atque satis habeat ad docendum artis et facultatis » — *AAS*, XVI (1924), 143.

sujets à Rome pour y étudier cette science [7]. Depuis 1929, le baccalauréat n'est plus suffisant, et dans tous les cas il faut avoir obtenu la licence [8]. Les constitutions de certains ordres défendent aux religieux d'obtenir des degrés académiques. Ces prescriptions ne valent pas pour l'Écriture sainte depuis 1904. Le Saint-Siège a accordé à ces ordres une permission habituelle pour que leurs membres puissent obtenir les grades académiques donnés par la Commission Biblique [9].

Dans le cours de théologie, il doit y avoir au moins quatre professeurs: un pour l'Écriture sainte, un pour le dogme, un pour la morale et un autre pour l'histoire [10]. Ceci est plutôt une exhortation qu'un strict précepte [11].

Le Code ne dit pas que ces professeurs doivent n'enseigner que cette matière. Il est permis par exemple au professeur de morale d'enseigner en même temps la liturgie, etc.

Comme les étudiants, les professeurs ne doivent pas avoir de charges qui les empêchent de préparer leurs classes et d'enseigner. La Congrégation des Religieux a donné une norme pour les étudiants [12], mais non pour les professeurs. Là où ceux-ci sont assez nombreux, leur travail n'est peut-être pas si accablant et on peut leur donner du ministère les dimanches ou durant les vacances [13]. Très souvent, ce ministère à l'extérieur est pour ceux-ci une distraction qui brise la monotonie du règlement quotidien. Les supérieurs peuvent les dispenser de certains exercices de communauté comme dans le cas des étudiants [14]. S'ils sont réguliers, les professeurs peuvent même

---

7 Pius XI, motu proprio « *Bibliorum scientiam* », 27 april. 1924 — *AAS*, XVI (1924), 181; il demanda aussi aux supérieurs d'envoyer des prêtres à l'Institut Pontifical d'Études Orientales: litt. encycl. « *Rerum Orientalium* », 8 sept. 1928 — *AAS*, XX (1928), 284.

8 *Enoh. Cler.*, n. 119, note *.

9 S. C. Ep. et Reg., 10 april. 1904 — *ASS*, XXXVII (1904-1905), 24.

10 Can. 1366, §3; Pius XI, ep. ap. « *Unigenitus Dei Filius* », 19 mart. 1924 — *AAS*, XVI (1924), 143.

11 Vermeersch—Creusen, *Epitome*, II, 486.

12 Voir p. 118.

13 Augustine, *Commentary*, III, 295.

14 P. 122.

être dispensés de la récitation du bréviaire lorsqu'ils enseignent la théologie ou le droit canon [15].

---

[15] Clemens VII, const. « *Dudum* », 7 mart. 1533 — *Bull. Rom.* VI, 160; Paulus III, const. « *Dudum* », 18 iulii 1535 — *Bull. Rom.* VI, 191; Pius V, const. « *Ad immarcescibilem* », 13 feb. 1567 — *Bull. Rom.* VII, 538; Schæfer, *De religiosis*, p. 752. Ce privilège s'applique aussi aux étudiants de ces sciences.

CHAPITRE XI

CONTINUATION DES ÉTUDES

Le canon 129 demande aux prêtres de continuer leurs études théologiques après leur ordination. À cette fin l'Église exige des examens annuels pour les jeunes prêtres et, pour tous, des conférences ecclésiastiques. Pour ce qui est des prêtres réguliers, le canon 590 demande des examens annuels durant les cinq ans qui suivent l'ordination, et des conférences ecclésiastiques tous les mois.

Article I

Examens des jeunes prêtres

Canon 590. Religiosi sacerdotes, iis tantum exceptis qui a Superioribus maioribus gravem ob causam fuerint exempti, aut qui vel sacram theologiam, vel ius canonicum vel philosophiam scholasticam doceant, post absolutum studiorum curriculum, quotannis, saltem per quinquennium, a doctis gravibusque patribus examinentur in variis doctrinæ sacræ disciplinis antea opportune designatis.

Tous les prêtres réguliers doivent passer un examen annuel durant les cinq ans qui suivent la fin de leurs études théologiques. L'examen couvre les différentes branches de la théologie, et la matière particulière de l'examen doit être déterminée d'avance. Les examinateurs doivent être des prêtres prudents et instruits. Ceux qui enseignent la théologie, la philosophie et le droit canon sont *ipso iure* dispensés de ces examens. Les supérieurs peuvent aussi pour de graves raisons exempter certains de leurs sujets.

A. *Ceux qui sont tenus à ces examens*

Les religieux qui sont soumis à ces examens sont les *prêtres* qui ont terminé leurs études théologiques. Si un clerc finissait ses études avant d'être ordonné, il ne serait pas obligé de passer cet examen avant son ordination. D'un autre côté, le cours théologique dont il s'agit ici est le cours ordinaire qui doit durer quatre ans. Les religieux qui sont ordonnés en troisième année doivent finir la quatrième année avant de subir ces examens.

Le Code exempte ceux qui enseignent la théologie, le droit canon et la philosophie. Ces mots peuvent être sujets à bien des interprétations. Dans un sens large, les matières auxiliaires peuvent être nommées d'après la matière principale. Ainsi le canon 421, §1, 1° exempte du service choral, en leur laissant le droit aux distributions, les chanoines qui enseignent le droit canon et la théologie dans les écoles reconnues par l'Église. On a demandé à la Commission du Code si les mots *droit canon* et *théologie* devaient être interprétés strictement ou au sens large. Dans le premier cas, seulement le dogme, la morale et la fondamentale seraient compris sous le nom de théologie, et seulement les institutions canoniques sous le nom de droit canon; dans le second, toutes les matières auxiliaires qui s'enseignent dans ces facultés seraient incluses dans la théologie et le droit canon. La Commission a répondu que ces mots doivent s'interpréter largement [1].

Il semble que les mots *théologie* et *droit canon* ne puissent ici se prendre au sens du canon 421, §1, 1° parce que la fin de la loi n'est pas la même. L'Église veut avoir des professeurs pour ses séminaires, et la loi va exempter du chœur ceux qui enseignent la théologie et le droit canon. Mais comme, jusqu'à un certain point, les matières auxiliaires ne sont pas moins nécessaires que les matières principales, ceux qui enseignent les premières participent aux privilèges concédés à ceux qui enseignent les secondes; ils pourront devenir chanoines, re-

---

1 PCI, 24 nov. 1920, III — *AAS*, XII (1920), 573.

cevoir les distributions chorales et vivre de la sorte convenablement. La fin du canon 590 est d'obliger les prêtres à continuer leurs études théologiques. Ceux qui enseignent la théologie et le droit canon remplissent la fin de la loi et sont exemptés des examens. Par contre, ceux qui enseignent d'autres matières dans ces facultés n'étudient pas par le fait même les sciences ecclésiastiques et doivent subir les examens [2].

Les sciences sacrées sont la philosophie, la théologie dogmatique et morale, l'histoire ecclésiastique, le droit canon, la liturgie, la prédication, le chant ecclésiastique et la pastorale [3]. On pourrait encore ajouter la patrologie, le droit public de l'Église, l'ascétique et la mystique. Si un prêtre enseigne les mathématiques ou une langue morte dans une école de philosophie ou de théologie, il n'est pas par le fait même exempté des examens de jeunes prêtres [4]. Cependant, s'il enseigne ces sujets en relation avec les sciences sacrées, il semble qu'il en soit exempté [5]. Il est bon de remarquer que ce privilège est accordé à ceux qui enseignent ces sciences et non à ceux qui ont déjà enseigné la philosophie, la théologie ou le droit canon [6]. Un jeune prêtre qui enseigne la philosophie l'année après son ordination est exempt de l'examen cette année-là; mais il tombe sous le coup de la loi pour les quatre autres années, s'il n'enseigne plus.

Ceux qui étudient les sciences sacrées après leur cours de théologie ne sont pas exempts de la loi. Cependant, comme ces étudiants passeront des examens, ils obéiront de cette manière aux prescriptions du Code sans qu'il soit nécessaire que la communauté leur fasse subir un examen spécial. Il en est de

---

2 Toso, *Commentaria*, V, 167; Vermeersch—Creusen, *Epitome*, I, 542: Coronata, *Institutiones*, I, 779; Schæfer, *De religiosis*, p. 650.

3 Can. 1365, §§1, 2, 3.

4 Voir les auteurs cités plus haut.

5 Oesterle, « De ratione studiorum in religionibus clericalibus, » — *CpR*, V (1926), 318: « Si doceantur (scientiæ profanæ) cum directa relatione ad theologiam, ius canonicum et philosophiam, tunc nihil aliud sunt nisi disciplinæ affines respectivæ facultatis ».

6 Toso, *Commentaria*, V, 167.

même pour ceux qui restent au séminaire après le cours de théologie, le cours étant le cours de quatre ans tel que requis par le droit commun [7].

Outre ces exemptions, la loi donne aux supérieurs le pouvoir de dispenser dans des cas particuliers pour de graves raisons. Ce pouvoir s'interprète à la lumière des principes généraux sur la dispense, c'est-à-dire strictement [8]. Aucune dispense ne peut être donnée sans une raison proportionnée à la gravité de la loi [9] qui, dans ce cas-ci, est grave [10]. Les supérieurs qui se montrent trop indulgents en cette matière sont répréhensibles [11]. Ils doivent donc avoir en vue la gravité de la loi avant d'accorder une dispense. En cas de doute cependant sur la valeur de la cause, la dispense est valide [12]. Quelquefois une seule raison n'est pas en soi suffisante quand cette raison est seulement impulsive, mais plusieurs causes impulsives peuvent former une cause suffisante [13]. Selon Vermeersch—Creusen, la nomination d'un prêtre au poste de supérieur local est une raison suffisante pour accorder cette dispense [14].

Une raison suffisante n'est pas une raison qui excuse de la loi à cause de l'impossibilité morale. Quand il est moralement impossible d'observer la loi, il n'est pas besoin de recourir à la dispense [15].

---

7 Vermeersch—Creusen, *Epitome*, I, 541 : Schæfer, *De religiosis*, p. 651.

8 Oesterle, « De ratione studiorum in religionibus clericalibus, » — *CpR*, VI (1925), 319 ; can. 85.

9 Can. 84, §1.

10 Coronata, *Institutiones*, I, 779 ; Oesterle, *art. cit.*, 319.

11 Coronata, *ibid.*, Oesterle, *ibid.*

12 Can. 84, §1.

13 Cicognani, *Canon Law*, (2 ed., translated from the Latin original by Joseph M. O'Hara and Francis Brennan, Philadelphia : The Dolphin Press, 1935), p. 716.

14 Vermeersch—Creusen, *Epitome*, I, 542. D'autre part, la fréquentation d'une université laïque par un jeune prêtre n'est pas de soi une raison suffisante pour le dispenser de ces examens, voir p.

15 Prümmer, *Manuale theologiæ moralis*, I, 166.

Si les supérieurs ont le devoir de se montrer sévères pour accorder la dispense des examens, ils ont aussi le devoir de faciliter à leurs sujets l'accomplissement de la loi. En pratique, les jeunes prêtres sont ceux qui sont les plus occupés. S'ils enseignent dans un collège, tous les divers offices secondaires de l'institution leur seront réservés. Ils auront plus d'heures de classe tout en étant moins préparés. À la fin de la semaine, on les enverra dans quelque paroisse aider au ministère : ils auront à entendre les confessions, prêcher et souvent même biner. Durant le temps des vacances, ils auront à suivre des cours d'été ou à remplacer les prêtres occupés au ministère. Peu de canonistes pourtant donnent raison à Augustine quand il dit qu'on peut toujours trouver de graves raisons pour dispenser de ces examens [16]. Ceux qui vivent au Canada et aux États-Unis peuvent penser qu'il n'était pas loin de la vérité quand il a écrit ces lignes.

B. *Autres règlements*

Pour ce qui est des autres règlements sur les examens des jeunes prêtres, le Code laisse beaucoup à la discrétion des supérieurs. La matière générale de l'examen peut se prendre d'après le canon 1365, §2, §3 : dogme et morale, Écriture sainte, histoire ecclésiastique, droit canon, liturgie, prédication, chant grégorien et théologie pastorale [17]. Blat dit que les mots « *in variis... disciplinis* » indiquent que l'examen doit couvrir au moins deux sujets [18]. Un examen réparti sur cinq ans ne peut couvrir toutes les matières du cours de théologie d'une manière très profonde [19], mais l'examen pourrait être arrangé pour couvrir les points les plus importants de la théologie.

---

16 Augustine, (Commentary, III, 296) : « For weighty reasons may always be found, especially in a busy country like ours ».

17 Oesterle, « De ratione studiorum in religionibus clericalibus, » — *CpR*, VI (1925), 318; Augustine, *Commentary*, III, 296.

18 Blat, *De religiosis*, p. 430.

19 Augustine, *Commentary*, II, 75.

Tous les autres détails sont à déterminer par les supérieurs [20]. L'examen peut être oral ou écrit. Les supérieurs peuvent aussi diviser la matière en deux semestres avec un examen à la fin de chaque semestre. Le Code dit aussi que l'examen doit être passé devant des prêtres prudents et instruits. L'emploi du pluriel n'indique pas nécessairement qu'il faille au moins deux examinateurs, car le Code emploie assez souvent le pluriel où le contexte demande le singulier [21].

Le Code exige en plus que les jeunes prêtres subissent ces examens pendant *au moins* cinq ans. Les supérieurs sont donc dans leur droit s'ils imposent ces examens et s'ils prolongent cette période [22]. Il est évident que l'examen doit être subi avec succès; autrement la loi serait absolument inutile [23].

L'ordinaire du lieu ne peut pas obliger les prêtres réguliers, même s'ils sont curés ou s'ils ont charge d'âmes, à passer les examens du diocèse. En cas de négligence de la part des supérieurs, l'ordinaire doit avoir recours à la Congrégation des Religieux [24]. Il ne peut donc punir les délinquants réguliers comme il peut punir les prêtres séculiers [25]. Cependant si les prêtres réguliers ont juridiction pour entendre les confessions, l'ordinaire pourrait les obliger à subir un autre examen pour savoir s'ils sont encore aptes à confesser [26]. S'ils sont trouvés inaptes, l'ordinaire pourra leur enlever la juridiction. Mais il ne pourra, sans recours au Saint-Siège, priver tous les prêtres d'une maison formée de la juridiction pour entendre les confessions [27].

---

20 Coronata, *Institutiones*, I, 779; Vermeersch—Creusen, *Epitome*, I, 542.

21 Can. 587, §4: « ... cui sacri ordinis viri præsint »; cf. Oesterle, *art. cit.*, p. 301.

22 Schæfer, *De religiosis*, p. 649-650.

23 Schæfer, *loc. cit.*

24 PCI, 14 iulii 1922, II, 1°, 2° — *AAS*, XIV (1922), 526.

25 Can. 2376. « Sacerdotes qui neque ab Ordinario dispensati neque legitimo impedimento detenti examen de quo in can. 130 facere renuerint, ab Ordinario congruis pœnis ad illud cogantur ».

26 Can. 877, §2.

27 Can. 880, §§1, 3.

Article II

Conférences ecclésiastiques

Canon 591. In qualibet saltem formata domo, minimum saltem in mense, habeatur solutio casus moralis et ligurgici, cui, si Superior opportunum existimaverit, addi potest sermo de re dogmatica coniunctivisve doctrinis; et omnes clerici professi qui studio sacræ theologiæ operam navant aut illud expleverunt et in domo degunt, assitere tenentur, nisi aliud in constitutionibus caveatur.

Chaque maison formée doit avoir des conférences ecclésiastiques au moins une fois par mois. À ces conférences, on devra résoudre un cas de morale et de liturgie, et le supérieur pourra exiger une conférence sur un sujet dogmatique ou autre s'il le juge opportun. Tous les clercs profès, étudiants ou non, doivent prendre part à ces conférences à moins que les constitutions ne prescrivent autrement.

Le Code demande que ces conférences soient tenues dans toute maison formée, c'est-à-dire une maison dans laquelle réside six profès dont quatre au moins sont prêtres [28]. Le nombre des profès doit s'entendre du nombre habituel; une absence accidentelle d'un membre ne change pas la nature de la maison [29]. D'après le texte du Code, les conférences ecclésiastiques ne sont pas obligatoires dans les maisons non formées, cependant les supérieurs peuvent décider autrement vu que la loi dit: « *In qualibet saltem formata domo* »...

Ces conférences ecclésiastiques doivent avoir lieu au moins une fois par mois. Est-ce que le Code exige ces conférences même durant les vacances? Panadés dit qu'il n'y a pas d'exception, et qu'une fois par mois constitue un minimum. Selon lui, les supérieurs pourraient omettre ces conférences durant les

---

28 Can. 488, 5°.

29 Schæfer, *De religiosis*, p. 78.

mois d'été, pourvu que l'on eût douze conférences par année [30]. La majorité des canonistes partagent l'opinion plus large et disent que ces conférences peuvent être omises durant les vacances d'été, sans qu'on soit obligé de suppléer durant le reste de l'année. Cette opinion est sûre en pratique, selon Goyeneche, à cause de la pratique courante [31]. Fanfani, Schæfer et Augustine tiennent la même opinion [32]. Fanfani dit aussi que l'on peut omettre une conférence si les circonstances devaient la rendre infructueuse, pourvu qu'on y supplée un autre mois; la même observation s'impose dans le cas où il serait impossible, ou même simplement difficile de tenir cette conférence [33].

Les religieux curés et ceux qui ont charge d'âmes doivent aussi assister aux conférences diocésaines prescrites au canon 131, §3. Est-ce qu'ils sont, dans ce cas, dispensés des conférences de leur communauté? Seul Augustine se pose la question et il répond par l'affirmative [34]. Il est bien évident que c'est seulement pour le mois où ces religieux ont assisté à la conférence diocésaine qu'ils sont dispensés d'assister aux conférences de la communauté. Les autres mois, ils sont tenus d'y assister. Cette opinion n'est pas improbable vu qu'on ne peut présumer que le législateur ait voulu obliger les religieux deux fois à la même chose.

La matière des conférences des religieux porte sur la solution d'un cas de morale et de liturgie. À chaque conférence les deux cas doivent être résolus [35]. Dans les maisons où l'on a des conférences deux fois par mois, on peut résoudre un cas à une conférence et l'autre cas à la deuxième conférence. De la sorte, la loi est substantiellement observée [36]. Les supérieurs

---

30 Panadés, « De lectione et studio sacræ scripturæ apud Religiosos, » — *CpR*, II (1921), 88.

31 Goyeneche, *CpR*, XVI (1935), 238.

32 Augustine, *Commentary*, III, 296; Schæfer, *De reliogisis*, p. 654; Fanfani, *De iure religiosorum*, p. 315.

33 Fanfani, *loc. cit.*

34 Augustine, *Commentary*, III, 297, n. 3.

35 Blat, *De religiosis*, 432; Schæfer, *De religiosis*, p. 653.

36 Schæfer, *loc. cit.*

peuvent ajouter à la matière obligatoire une conférence sur un sujet de dogme ou sur un sujet connexe. Ceci n'est pas obligatoire.

Tous les clercs profès, soit qu'ils étudient ou qu'ils aient terminé leurs études, doivent assister à la conférence. Les convers et les étudiants de philosophie ne sont pas tenus d'y assister. Il arrive quelquefois que les étudiants de première année ne voient pas de morale, mais que leurs études sont exclusivement dogmatiques. Suivant la lettre du Code, ceux-ci seraient tenus d'être présents à la solution du cas de morale. Cependant il ne semble pas que ce soit là l'intention du législateur, parce que dans certains cas il serait peut-être nuisible à ces étudiants d'assister à la solution du cas de morale, vu qu'ils ne sont pas au courant des principes généraux de la théologie morale [37].

Le Code ne donne pas au supérieur le pouvoir de dispenser de l'assistance aux conférences théologiques, mais il ne révoque pas les constitutions contraires. En conséquence, les constitutions peuvent exempter certaines classes de religieux, comme les professeurs de théologie, les étudiants, les curés, etc.

Les religieux qui ont charge d'âmes sont en outre tenus d'assister aux conférences ecclésiastiques du diocèse. Ceux qui ont juridiction pour entendre les confessions dans le diocèse et qui vivent dans une maison où il n'y a pas de conférences, doivent faire de même d'après le canon 131, §1 [38].

---

37 Goyeneche, *CpR*, II (1921), 49.

38 Can. 131, §1. « In civitate episcopali et in singulis vicariatibus foraneis sæpius in anno, diebus arbitrio Ordinarii loci præstituendis, conventus habeantur, quos *collationes* seu *conferentiæ* vocant, de re morali et liturgica; quibus addi possunt aliæ exercitationes, quas Ordinarius opportunas iudicaverit ad scientiam et pietatem clericorum promovendam ».

§2. « Si conventus haberi difficile sit, resolutæ quæstiones scriptæ mittantur, secundum normas ab Ordinario statuendas ».

§3. Conventui interesse, aut, deficiente conventu, scriptam casuum solutionem mittere debent, nisi a loci Ordinario exemptionem antea expresse obtinuerint, tum omnes sacerdotes sæculares, tum religiosi

Ceux qui ont charge d'âmes en droit canon sont les curés et les autres prêtres qui leur sont assimilés [39]. Ceux qui sont assimilés aux curés sont: 1) les pasteurs d'une quasi-paroisse dans un Vicariat apostolique ou dans une Préfecture [40]; 2) les *vicarii actuales* ou curés d'une paroisse donnée à une personne morale [41]; 3) les *vicarii œconomi* ou administrateurs d'une paroisse vacante [42]; 4) le *vicarius adiutor* ou assistant d'un pasteur invalide [43]; 5) le *vicarius substitutus* qui remplace un curé en vacances ou un curé privé de son bénéfice [44]. Ces différents *vicarii* sont assimilés aux curés et ont charge d'âmes.

Au sujet des prêtres qui font du ministère et qui ne se trouvent pas dans une des classes rapportés plus haut, la Commission du Code a donné une interprétation authentique. On a demandé à la Commission si l'on doit classer parmi ceux qui ont charge d'âmes les religieux prêtres qui sont catéchistes, vicaires dans les paroisses ou aumôniers dans les hôpitaux et autres maisons pieuses tout en demeurant sous la dépendance du curé. La Commission a répondu dans la négative pour les catéchistes, et dans l'affirmative pour les vicaires et les aumôniers, si d'après le canon 476, §6 ils prennent la place du curé et l'aident dans tout le ministère paroissial [45]. Ceux que l'on appelle communément du nom de vicaires *(vicarii cooperatores)* sont généralement délégués *ad universalitatem causarum,* du moins au Canada et aux États-Unis; ils ont par conséquent charge d'âmes même si une des fonctions paroissiales est réservée au curé [46].

---

licet exempti curam animarum habentes et etiam, si collatio in eorum domibus non habeatur, alii religiosi qui facultatem audiendi confessiones ab Ordinario obtinuerunt ».

[39] Can. 451, §1, §2.

[40] Can. 216, §3.

[41] Can. 471, §1.

[42] Can. 472, §2;

[43] Can. 475, §1.

[44] Cc. 465, §4, §5; 474; 1923, §2; Coronata *Institutiones,* I, 565; Schæfer, *De religiosis,* p. 655.

[45] PCI, 12 febr. 1935—*AAS,* XXVII (1935),

[46] Maroto, *CpRM,* XVI (1935), 221.

Les aumôniers des hôpitaux et des autres maisons pieuses ont charge d'âmes s'ils dépendent du curé et s'ils doivent l'aider pour tout le ministère. Les aumôniers des maisons religieuses ne dépendent pas généralement du curé et n'ont pas charge d'âmes. La même chose est vraie quand il s'agit du recteur du séminaire [47].

Les religieux qui doivent assister aux conférences du diocèse et qui n'obéissent pas à ces prescriptions peuvent être punis par l'ordinaire. S'ils n'ont pas charge d'âmes, ils peuvent être suspendus *ab audiendis confessionibus sæcularium* [48]. L'ordinaire pourrait aussi les obliger à subir un nouvel examen pour entendre les confessions [49]. Il pourrait enfin démettre de leur office ceux qui sont curés ou vicaires [50].

---

47 Schæfer, *De religiosis*, p. 655; Goyeneche, *CpR*, III (1922), 272; Maroto, *CpRM*, XVI (1935), 222.

48 Can 237. « Sacerdotes contra præscriptum can. 131, §1 contumaces, Ordinarius pro suo prudenti arbitrio puniat; quod si fuerint religiosi confessarii curam animarum non gerentes, eos ab audiendis sæcularium confessionibus suspendat ».

49 Can. 877, §2.

50 Cc. 454, §5; 631, §3.

CONCLUSIONS

Les conclusions données ici portent sur des points que les canonistes n'ont pas traités ou qu'ils n'ont traités que d'une façon sommaire.

1. Les religieux qui doivent être promus aux ordres peuvent combiner leur retraite annuelle avec la retraite d'ordination pourvu que les autres prescriptions du droit soient observées.

2. L'ordinaire du lieu où est située une université laïque ne peut pas empêcher les prêtres étrangers de fréquenter cette université à moins de raisons tout à fait particulières.

3. La législation de l'Église sur les séminaires s'applique intégralement aux religieux lorsqu'il s'agit des études ellesmêmes.

BIBLIOGRAPHIE

SOURCES

Acta Apostolicæ Sedis, Commentarium officiale, Romæ, 1909—

Acta capitulorum generalium O.P., ed. Benedictus Maria Reichert, 9 vols, Romæ, 1898-1904.

Acta et decreta concilii plenarii Quebecensis primi, Quebeci, 1912.

Acta et decreta synodi diocesanæ Quebecensis (post promulgatum Codicem I. C.) secundæ, Quebeci: Cancellaria curiæ metropolitanæ, 1941.

Acta Sanctæ Sedis, 41 vols, Romæ, 1865-1908.

Bullarum diplomatum et privilegiorum sanctorum romanorum Pontificum, Taurinensis editio, 24 vols et 1 appendice, Augustæ Taurinorum — Neapoli, 1857-1872.

Bullarium Franciscanum, ed. Ioannes Hyacinthus Sparalea — Conradus Eibel, 7 vols et 1 supplément, Romæ — Ad Claras Aquas, 1759-1908.

Bullarium Franciscanum, Series nova, ed. Ulricus Hüntemann, Ad Claras Aquas: S. Bonaventuræ, 1932—

Butler, Cuthbertus, *Sancti Benedicti regula monasteriorum*, 2 ed., Friburgi Brisgoviæ: Herder & Co., 1927.

Chartularium universitatis Parisiensis, ed. Henricus Denifle auxiliante Aemilio Châtelain, 4 vols, Parisiis, 1889-1897.

Codex iuris canonici Pii X Pontificis Maximi iussu digestus Benedicti Papæ XV auctoritate promulgatus, Romæ: Typis Polyglottis Vaticanis, 1917.

Codicis iuris canonici Fontes cura Emi Petri Card. Gasparri editi, 9 vols, Romæ: Typis Polyglottis Vaticanis, 1923-1939 (Vols VII, VIII, IX, ed. cura et studio Emi Iustiniani Card. Serédi).

Corpus iuris canonici, ed. Lipsiensis 2a post Aemilii Ludovici Richteri curas instruxit Aemilius Friedberg, 2 vols, Lipsiæ: Ex Officina Bernhardi Tauchnitz, 1879-1881. Editio anastatice repetita, Lipsiæ, 1928.

Corpus iuris civilis, 3 vols, P. Krueger — Theodorus Mommsen — R. Schœll — G. Kroll, Berolini: Apud Weidmannos, 1928-1929.

Denzinger, Henricus — Bannwart, Clemens — Umberg, Iohannes Baptista, *Enchiridion symbolorum, definitionum et declarationum de rebus fidei et morum*, 21-23 ed., Friburgi Brisgoviæ: Herder & Co., 1937.

Mansi, J. D., *Sacrorum conciliorum nova et amplissima collectio*, 53 tomes en 60 vols, Paris — Arnhem — Leipzig, 1901-1927.

Jaffé, Philippus, *Regesta romanorum pontificum*, 2 ed., 1 tome en 2 vols, Gulielmus Wattenbach, Lipsiæ, 1885-1888.

Monumenta Germaniæ Historica, Epistolæ Gregorii I, T. I, Pars 2a, ed. L.M. Hartmann, Berolini: Apud Weidmannos, 1891.

——— *Leges*, T. I, *Capitula regum francorum*, ed. G. H. Pertz, Hannoveræ, 1855.

——— *Legum sectio II, Capitularia regum francorum*, T. I, ed. A, Boretius, Hannoveræ, 1908.

——— *Legum sectio III, Concilia ævi karolini*, T. II, Pars 2a, ed. A. Werminghoff, Hannoveræ, 1908.

Pallotini, Salvator, *Collectio omnium conclusionum et resolutionum Congregationis Concilii ab anno 1564-1864*, 18 vols, Romæ, 1868-1895.

S. C. de Sem. et Univ., *Enchiridion clericorum, documenta Ecclesiæ sacrorum alumnis instituendis*, Typis Polyglottis Vaticanis, 1938.

———*Ordinamento dei Seminari*, Romæ: Typis Polyglottis Vaticanis, 1920.

Schrœder, H. J., *Canons and Decrees of the Council of Trent*, St. Louis — London: B. Herder & Co., 1941.

Statuta Catholicæ Universitatis Americæ a Sanctæ Sede approbata, Typis Polyglottis Vaticanis, 1937.

Autres ouvrages

[Bachofen], Charles Augustine, *A Commentary on the New Code of Canon Law*, 8 vols, St. Louis: Herder & Co., 1925-1938. Vol. I, 6 ed., 1931; Vol. II, 6 ed., 1936; Vol. III, 5 ed., 1938; Vol. IV, 3 ed., 1925; Vol. V, 5 ed., 1935; Vol. VI, 3 ed., 1931; Vol. VII, 3 ed., 1930; Vol. VIII, 3 ed., 1931.

Bakalarczyk, Richardus, *De novitiatu*, The Catholic University of America Canon Law Studies, N. 36, Washington, D.C.: The Catholic University of America, 1927.

Acta Congressus iuridici internationalis 1934, 5 vols, Romæ: Apud custodiam librariam Pontificii Instituti Utriusque Iuris, 1935-1937.

Berutti, Christophorus, *Institutiones iuris canonici*, 3 vols publiés, Taurini — Romæ: Marietti, 1936-1938. Vol. I, *Normæ*, 1936; Vol. III, *De religiosis*, 1936; Vol. VI, *De delictis et pœnis*, 1938.

Beste, Uldaricus, *Introductio in Codicem*, Collegeville: St. John's Abbey Press, 1938.

Blat, Albertus, *Commentarium textus iuris canonici*, 5 vols en 7 parties, Romæ: Collegio « Angelico », 1921-1938. Vol. I, 1921; Vol. II, Pars I, ed. altera, 1921; Vol. II, Partes II et III, 3 ed., 1938; Vol. III, Pars I, 2 ed., 1924; Vol. III, Partes II et III, 2 ed., 1934; Vol. IV, 1927; Vol. V, 1924.

Biederlack, Josephus, *De religiosis*, ed. nova cura Maximiliani Fürich. Oeniponte: Typis Feliciani Rauch, 1919.

Boffa, Conrad Humbert, *Canonical Provision for Catholic Schools*, The Catholic University of America Canon Law Studies, No. 117, Washington, D.C.: The Catholic University of America Press, 1939.

Bouscaren, T. Lincoln, *The Canon Law Digest*, 2 vols and Supplement 1941, Milwaukee: The Bruce Publishing Co., 1934-1941. Vol. I, 3rd printing, 1934; Vol. II, 2nd printing, 1938; Supplement — 1941, 1941.

Cappello, Felix, *Tractatus canonico-moralis de sacramentis*, 3 vols en 6 parties, Taurini: Marietti, 1932-1939. Vol. I, 3 ed., 1938; Vol. II, Pars I, 3 ed., 1938; Vol. II, Pars II, 1932; Vol. II, Pars III, 1935; Vol. III, Partes I et II, 4 ed., 1939.

Catholic Encyclopedia, The, 15 vols et 2 supp., New York, 1907-1922.

Chelodi, Ioannes, *Ius de personis*, 2 ed. ab Ernesto Bertagnoli recognita, Tridenti: Libr. edit. Tridentinum.

Civardi, Luigi, *Manuel d'Action catholique*, traduit de l'italien *Manuale di Azione Cattolica* par J. Clæs, Bruxelles: Editions de la Cité Chrétienne, 1934.

Cocchi, Guidus, *Commentarium in codicem iuris canonici*, 8 vols, Taurinorum Augustæ: Marietti, 1931-1940. Vol. I, 5 ed. 1938; Vol. II, 4 ed., 1937; Vol. III, 3 ed., 1931; Vol. IV, 3 ed., 1932; Vol. V, 3 ad., 1932; Vol. VI, 3 ed., 1933; Vol. VII, 3 ed., 1940; Vol. VIII, 4 ed., 1938.

Cicognani, Amleto, *Canon Law*, authorized English version by J. O'Hara and F. Brennan, Philadelphia: The Dolphin Press, 1934.

Clæys-Bouuært, F., — Simenon, G., *Manuale iuris canonici*, 3 vols, Gandiæ et Leodiæ, Vols I et III, 4 ed., 1934, Vol. II. 2 ed. 1935.

Conte, Matthæus — a Coronata, *Institutiones iuris canonici*, 5 vols, Taurini: Marietti, 1928-1936.

Creusen, Joseph, *Religious Men and Women in the Code*, 3rd English edition revised and edited to conform with the 5th French edition by Adam C. Ellis, Milwaukee: The Bruce Publishing Co., 1940.

Dictionnaire d'archéologie chrétienne et de liturgie par Fernand Cabrol et Henri Leclercq, 15 tomes (parus) en 30 vols, Paris: Letouzey et Ané, 1924-1939.

Dictionnaire de théologie catholique, publié sous la direction de A. Vacant — E. Magenot — E. Amann, 12 tomes (parus) en 24 vols, Paris: Letouzey et Ané, 1903-1935.

Fanfani, Ludovicus, *De iure religiosorum*, 2 ed. Taurini: Marietti, 1925.

Feret, P., *La faculté de théologie de Paris et ses docteurs les plus célèbres:*
Le Moyen Âge, 4 vols, Paris, 1894-99.
Époque moderne, 4 vols, Paris, 1900-1906.

Ferreres, Ioannes B., *Institutiones canonicæ*, ed. al., 2 vols, Barcelona: Eugenius Subirana, 1920.

Fliche, Augustin — Martin, Victor, *Histoire de l'Église*, 6 vols, Paris; Bloud et Gay, 1934-38. Vol. I, *L'Église primitive*, Jules Lebreton et Jacques Zeiller, 1934; Vol. II, *De la fin du IIe siècle à la paix constantinienne*, Jules Lebreton, et Jacques Zeiller; Vol. III, *De la paix constantinienne à la mort de Théodose*, Jean-Remy Palanque, Gustave Bardy et Pierre de Labriolle, 1936; Vol. IV, *De la mort de Théodose à l'élection de Grégoire le Grand*, Pierre de Labriolle, Gustave Bardy, Louis Bréhier et G. de Plinval, 1937; Vol. V, *Grégoire le Grand, les états barbres et la conquête arabe (590-757)*, Louis Bréhier et René Aigrain, 1938; Vol. VI, *L'époque carolingienne*, Émile Amann, 1937.

Kane, William T., *An Essay toward a History of Education considered chiefly in its Development in the Western World*, Chicago: Loyola University Press, 1935.

Ghellinck, J. de, *Le mouvement théologique* du XIIe siècle, Paris, 1914.

Guerry, E., *L'Action catholique, textes pontificaux classés et commentés*, Paris: Desclée de Brouwer, 1936.

Heck, Theodore, *The Curriculum of the Major Seminary in relation to Contemporary Conditions*, Washington, D.C.: The Catholic University of America, 1935.

Labriolle, Pierre de, *Histoire de la littérature chrétienne*, 2 ed., Paris: Société d'édition « Les Belles-Lettres », 1924.

Laistner, M[ax] L[udwig] W[olfram], *Thought and Letters in Western Europe: A.D. 500 to 900*, London: Methuan and Co. Ltd. (sans date de publication).

Lalanne, J.-A., *Influence des Pères de l'Église sur l'éducation publique pendant les cinq premiers siècles*, Paris, 1850.

Langasco, Agathangelus a, *De institutione clericorum in disciplinis inferioribus*, Romæ: Typis Polyglottis Vaticanis, 1936.

Leclercq, Henri — Hefele, Charles, *Histoire des conciles*, 10 tomes en 19 vols, Paris: Letouzey et Ané, 1907-1938.

Lexicon totius latinitatis, Aeg. Forcellini — J. Facciolati — J. Furtanelli — Francesco Garradini, 4 vols, ed. nova, Patavii, 1887.

Le Vavasseur, Léon — Hægy, Joseph — Stercy, Louis, *Manuel de liturgie et cérémonial selon le rit romain*, 16 ed., 2 vols, Paris: Librairie Lecoffre, 1935.

McCormick, Patrick J., *History of Education*, Washington, D.C., 1915.

McVann, James, *The Canon Law on Sermon Preaching*, New York: The Paulist Press, 1940.

Mabillon, Jean, *Traité des études monastiques*, Bruxelles, 1672.

Marion, L., *Histoire de l'Église*, 4 vols, 10 éd. revue par V. Laocmbe. Paris: Téqui, 1932.

Migne, J. P., *Patrologiæ cursus completus, series græca*, 161 vols, Parisiis, 1857-1866.

———, *Patrologiæ cursus completus, series latina*, 221 vols, Parisiis, 1844-1855.

Montalembert, Charles de, *Les moines d'occident*, 3 vols, Paris, 1860.

Oesterle, Gerardus, *Prælectiones iuris canonici*, Romæ: Collegio S. Anselmi, 1941, pro manuscripto (1 volume de paru).

Ottaviani, Alaphridus, *Institutiones iuris publici ecclesiastici*, 2 ed., 2 vols, Typis Polyglottis Vaticanis, 1936.

Pejska, Iosephus, *Ius canonicum de religiosis*, 3 ed., Friburgi Brisgoviæ: Herder & Co., 1927.

Prümmer, Dominicus Maria, *Manuale iuris canonici*, 4 ed., Friburgi Brisgoviæ: Herder & Co., 1927.

———, *Manuale theologiæ moralis*, 3 vols, 6 et 7 ed., Friburgi Brisgoviæ: Herder & Co., 1931.

Rashdall, Hastings, *The Universities in the Middle Ages*, a new edition in 3 volumes edited by F. M. Powicke and A. B. Emdem, Oxford: The Clarendon Press, 1936.

Raus, I. B., *Institutiones canonicæ*, 2 ed., Parisiis: Typis Emmanuelis Vitte, 1931.

Ryan, J., *Irish Monasticism, Origins and early Development, London* — New York — Toronto: Longmans, Green and Co., 1931.

Schæfer, Timotheus, *De religiosis*, 3 ed. Romæ: S.A.L.E.R., 1940.

Schmalzgrueber, F., *Ius ecclesiasticum universum*, 5 tomes en 12 vols, Romæ, 1843-1845.

Schroll, Mary Alfred, *Benedictine Monasticism as reflected in the Warnefrid-Hildemar Commentaries on the Rule*, New York: Columbia University Press, 1941.

Sipos, Stephanus, *Enchiridion iuris canonici*, 3 ed., Pécs: Ex Typographia « Haladas R. T. », 1936.

Students of Charles Homer Haskin, *Anniversary Essays in Mediæval History*, Boston — New York: Houghton Mufflin Co., 1929.

Toso, Albertus, *Ad codicem juris canonici commentaria minora*, 5 vols. Vol. I, altera editio, Romæ: Marietti, 1921; Vol. II, Romæ: Apud Jus Pontificium, 1924; Vol. IV, Romæ: Apud Jus Pontificium, 1925; Vol. V, Romæ: Apud Jus Pontificium, 1927.

Van Hove, A., *Commentarium Lovaniense in codicem iuris canonici*, Vol. I, *Normæ, Generales*, Mechliniæ: Dessain, T. I. *Prolegomena*, 1928, T. II, *De legius ecclesiasticis*, 1929, T. III, *De consuetudine et de temporis supputatione*, 1933, Vol. IV, *De rescriptis*, 1936, Vol. V, *De privilegiis et de dispensationibus*, 1939.

Vermeersch, Arthurus — Creusen, Joseph, *Epitome iuris canonici*, 3 vols, Vol. I, 6 ed., 1937; Vol. II, 6 ed. 1940; Vol. III, 5 ed., 1936, Mechliniæ — Romæ: Dessain, 1934-1937.

Wernz, Franciscus X. — Vidal, P., *Ius canonicum*, 7 tomes en 8 vols, Romæ: Apud Aedes Universitatis Gregorianæ, 1923-1938.

Woywod, Stanislaus, *A Practical Commentary on the Code of Canon Law*, 4 ed., 2 vols, New York: Wagner, 1932.

Principaux articles

Canuto, A., « De regimine domus studiorum in religione clericali, » — *Apollinaris*, IX (1936), 19-39.

Kurtcheid, Bertrand, « De utriusque iuris studio sæc. XIII, » — *Acta congressus iuridici internationalis 1934*, II, 311-342.

Langasco, Agathangelus a, « De regimine domus studiorum in religione clericali, » — *Jus Pontificium*, XVIII (1938), 118-131.

Lavaud, Léopold, « Notes sur l'encyclique *Studiorum Ducem*, » — *Revue Thomiste (Nouvelle série)*, VII (1924), 321-328; 519-523.

Kuttner, Stephan, « The Father of the Science of Canon Law, » — *The Jurist*, I (1941), 2-20.

Maroto, Philippus, « Annotationes in responsa *PCI* diei 12, mensis Februarii, 1935, ad I, » — *CpRM*, XVI (1935), 215-222.

Oesterle, Gerardus, « De ratione studiorum in religionibus clericalibus, » —*CpR*, V (1924), 444-460; VI (1925), 34-42; 141-147; 191-302.

Post, Gaines, « Alexander III, The Licentia Docendi and the Rise of the Universities, » — *Anniversary Essays in Mediæval History by the Students of Charles Homer Haskin*, pp. 255-279.

Raus, J.-B., « L'enseignement de la doctrine de saint Thomas considéré dans ses rapports avec le Code et les Écoles théologiques, » — *Nouvelle Revue Théologique*, LII (1925), 269-291; 358-381.

Vromant, G., « Debita vitæ communis, » — *Periodica*, XVIII (1929), 25*-36*.

Revues

Ami du Clergé, L', Paris, Langres, 1879—

Apollinaris, Romæ, 1928—

Commentarium pro Religiosis (plus tard *Commentarium pro Religiosis et Missionariis*), Romæ, 1920—

Documentation Catholique, La, Paris, 1919—

Jurist, The, Washington, 1941—

Jus Pontificium, Romæ, 1921—

Miscellanea francescana di storia, di lettere, di arti, Assisi, Foligno, Roma, 1901—

Nouvelle Revue Théologique, Paris, Louvain — Tournai, 1869—

Periodica de re canonica et morali (plus tard *Periodica de re canonica, morali et liturgica*), Brugis, Romæ, 1905—

Revue Thomiste, Paris, 1863 —, *Nouvelle série*, Toulouse, St-Maximin, 1918—

Theologisch-praktische Quartalschrift, Linz, 1832—

Abréviations

AAS—*Acta Apostolicæ Sedis.*

ASS—*Acta Sanctæ Sedis.*

Auth.—*Novellæ authenticæ.*

Bull. Rom.—*Bullarium Romanum, Taurinensis editio.*

CpR—*Commentarium pro Religiosis.*

CpRM—*Commentarium pro Religiosis et Missionariis.*

Ench. Cler.—*Enchiridion Clericorum.*

MGH—*Monumenta Germaniæ Historica.*

MPG—Migne, *Patrologia græca.*

MPL—Migne, *Patrologio latina.*

Mansi—*Sacrorum conciliorum nova et amplissima collectio.*

NRTh—*Nouvelle Revue Théologique.*

PCI—Pontificia Commissio Interpretationis.

S.C.C.—Sacra Congregatio Concilii.

S.C.Consist.—Sacra Congregatio Consistorialis.

S.C. de Rel.—Sacra Congregatio de Religiosis.

S.C. Ep. et Reg.—Sacra Congregatio Episcoporum et Regularium.

S.C. Sac.—Sacra Congregatio de Sacramentis.

S.C. Stud.—Sacra Congregatio Studiorum.

S.C. de Sem.—Sacra Congregatio de Seminariorum et Studiorum Universitatibus.

NOTICE BIOGRAPHIQUE

Gatien Bolduc est né à Joliette, Qué., Canada, le 30 février 1913. Ses études primaires et secondaires terminées, il entra chez les Clercs de Saint-Viateur et fut ordonné prêtre en 1938. En 1939, il reçut la licence en théologie de l'Université de Montréal, et en septembre de la même année, il s'inscrivit à la faculté de droit canon de l'Université Catholique d'Amérique où il obtint le baccalauréat en 1940 et la licence l'année suivante.

INDEX ALPHABÉTIQUE

CANON LAW STUDIES

1. Freriks, Rev. Celestine A., C.PP.S., J.C.D., Religious Congregations in Their External Relations, 121 pp., 1916.
2. Galliher, Rev. Daniel M., O.P., J.C.D., Canonical Elections, 117 pp., 1917.
3. Borkowski, Rev. Aurelius L., O.F.M., J.C.D., De Confraternitatibus Ecclesiasticis, 136 pp., 1918.
4. Castillo, Rev. Cayo, J.C.D., Disertación Historico-Canonica sobre la Potestad del Cabildo en Sede Vacante o Impedida del Vicario Capitular, 99 pp., 1919 (1918).
5. Kubelbeck, Rev. William J., S.T.B., J.C.D., The Sacred Penitentiaria and its Relations to Faculties of Ordinaries and Priests, 129 pp., 1918.
6. Petrovits, Rev. Joseph, J.C., S.T.D., J.C.D., The New Church Law On Matrimony, X-461 pp., 1919.
7. Hickey, Rev. John J., S.T.B., J.C.D., Irregularities and Simple Impediments in the New Code of Canon Law, 100 pp., 1920.
8. Klekotka, Rev. Peter J., S.T.B., J.C.D., Diocesan Consultors, 179 pp., 1920.
9. Wanenmacher, Rev. Francis, J.C.D., The Evidence in Ecclesiastical Procedure Affecting the Marriage Bond, 1920 (Printed 1935).
10. Golden, Rev. Henry Francis, J.C.D., Parochial Benefices in the New Code, IV-119 pp., 1921 (Printed 1925).
11. Koudelka, Rev. Charles J., J.C.D., Pastors, Their Rights and Duties According to the New Code of Canon Law, 211 pp., 1921.
12. Melo, Rev. Antonius, O.F.M., J.C.D., De Exemptione Regularium, X-188 pp., 1921.
13. Schaaf, Rev. Valentine Theodore, O.F.M., S.T.B., J.C.D., The Cloister, X-180 pp., 1921.
14. Burke, Rev. Thomas Joseph, S.T.D., J.C.D., Competence in Ecclesiastical Tribunals, IV-117 pp., 1922.
15. Leech, Rev. George Leo, J.C.D., A Comparative Study of the Constitution, "Apostolicæ Sedis" and the "Codex Juris Canonici," 179 pp., 1922.
16. Motry, Rev. Hubert Louis, S.T.D., J.C.D., Diocesan Faculties According to the Code of Canon Law, II-167 pp., 1922.
17. Murphy, Rev. George Lawrence, J.C.D., Delinquencies and Penalties in the Administration and Reception of the Sacraments, IV-121 pp., 1923.
18. O'Reilly, Rev. John Anthony, S.T.B., J.C.D., Ecclesiastical Sepulture in the New Code of Canon Law, II-129 pp., 1923.
19. Michalicka, Rev. Wenceslas Cyrill, O.S.B., J.C.D., Judicial Procedure in Dismissal of Clerical Exempt Religious, 107 pp., 1923.
20. Dargin, Rev. Edward Vincent, S.T.B., J.C.D., Reserved Cases According to the Code of Canon Law, IV-103 pp., 1924.
21. Godfrey, Rev. John A., S.T.B., J.C.D., The Right of Patronage According to the Code of Canon Law, 153 pp., 1924.
22. Hagedorn, Rev. Francis Edward, J.C.D., General Legislation on Indulgences, II-154 pp., 1924.
23. King, Rev. James Ignatius, J.C.D., The Administration of the Sacraments to Dying Non-Catholics, V-141 pp., 1924.
24. Winslow, Rev. Francis Joseph, O.F.M., J.C.D., Vicars and Prefects Apostolic, IV-149 pp., 1924.

25. Correa, Rev. Jose Servelion, S.T.L., J.C.D., La Potestad Legislativa de la Iglesia Catolica, IV-127 pp., 1925.
26. Dugan, Rev. Henry Francis, A.M., J.C.D., The Judiciary Department of the Diocesan Curia, 87 pp., 1925.
27. Keller, Rev. Charlese Frederick, S.T.B., J.C.D., Mass Stipends, 167 pp., 1925.
28. Paschang, Rev. John Linus, J.C.D., The Sacramentals According to the Code of Canon Law, 129 pp., 1925.
29. Piontek, Rev. Cyrillus, O.F.M., S.T.B., J.C.D., De Indulto Exclaustrationis necnon Sæcularizationis, XIII-289 pp., 1925.
30. Kearney, Rev. Richard Joseph, S.T.B., J.C.D., Sponsors at Baptism According to the Code of Canon Law, IV-127 pp., 1925.
31. Bartlett, Rev. Chester Joseph, A.M., LL.B., J.C.D., The Tenure of Parochial Property in the United States of America, V-108 pp., 1926.
32. Kilker, Rev. Adrian Jerome, J.C.D., Extreme Unction, V-425 pp., 1926.
33. McCormick, Rev. Robert Emmett, J.C.D., Confessors of Religious, VIII-266 pp., 1926.
34. Miller, Rev. Newton Thomas, J.C.D., Founded Masses According to the Code of Canon Law, VII-93 pp., 1926.
35. Roelker, Rev. Edward G., S.T.D., J.C.D., Principles of Privilege According to the Code of Canon Law, XI-166 pp., 1926.
36. Bakalarczyk, Rev. Richardus, M.I.C., J.U.D., De Novitiatu, VIII-208 pp., 1927.
37. Pizzuti, Rev. Lawrence, O.F.M., J.U.L., De Parochis Religiosis, 1927 (Not printed).
38. Bliley, Rev. Nicholas Martin, O.S.B., J.C.D., Altars According to the Code of Canon Law, XIX-132 pp., 1927.
39. Brown, Mr. Brendan Francis, A.B., LL.M., J.U.D., The Canonical Juristic Personality with Special Reference to Its Status in the United States of America, V-212 pp., 1927.
40. Cavanaugh, Rev. William Thomas, C.P., J.U.D., The Reservation of the Blessed Sacrament, VIII-101 pp., 1927.
41. Doheny, Rev. William J., C.S.C., A.B., J.U.D., Church Property: Modes of Acquisition, X-118 pp., 1927.
42. Feldhaus, Rev. Aloysius H., C.PP.S., J.C.D., Oratories, IX-141 pp., 1927.
43. Kelly, Rev. James Patrick, A.B., J.C.D., The Jurisdiction of the Simple Confessor, X-208 pp., 1927.
44. Neuberger, Rev. Nicholas J., J.C.D., Canon 6 or the Relation of the Codex Juris Canonici to the Preceding Legislation, V-95 pp., 1927.
45. O'Keefe, Rev. Gerald Michael, J.C.D., Matrimonial Dispensations, Powers of Bishops, Priests and Confessors, VIII-232 pp., 1927.
46. Quigley, Rev. Joseph, A.B., A.M., J.C.D., Condemned Societies, 139 pp., 1927.
47. Zaplotnik, Rev. Johannes Leo, J.C.D., De Vicariis Foraneis, X-142 pp., 1927.
48. Duskie, Rev. John Aloysius, A.B., J.C.D., The Canonical Status of the Orientals in the United States, VIII-196 pp., 1928.
49. Hyland, Rev. Francis Edward, J.C.D., Excommunication, Its Nature, Historical Development and Effects, VIII-181 pp., 1928.
50. Reinmann, Rev. Gerald Joseph, O.M.C., J.C.D., The Third Order Secular of Saint Francis, 201 pp., 1928.
51. Schenk, Rev. Francis J., J.C.D., The Matrimonial Impediments of Mixed Religion and Disparity of Cult, XVI-318 pp., 1929.

52. Coady, Rev. John Joseph, S.T.D., J.U.D., A.M., The Appointment of Pastors, VIII-150 pp., 1929.
53. Kay, Thomas Henry, J.C.D., Competence in Matrimonial Procedure, VIII-164 pp., 1929.
54. Turner, Rev. Sidney Joseph, C.P., J.U.D., The Vow of Poverty, XLIX-217 pp., 1929.
55. Kearney, Rev. Raymond A., A.B., S.T.D., J.C.D., The Principles of Delegation, VII-149 pp. 1929
56. Conran, Rev. Edward James, A.B., J.C.D., The Interdict, V-163 pp., 1930.
57. O'Neil, Rev. William H., J.C.D., Papal Rescripts of Favor, VII-218 pp., 1930.
58. Bastnagel, Rev. Clement Vincent, J.U.D., The Appointment of Parochial Adjutants and Assistants, XV-257 pp., 1930.
59. Ferry, Rev. William A., A.B., J.C.D., Stole Fees, V.135 pp., 1930.
60. Costello, Rev. John Michael, A.B., J.C.D., Domicile and Quasi-Domicile, VII-201 pp., 1930.
61. Kremer, Rev. Michael Nicholas, A.B., S.T.B., J.C.D., Church Support in the United States, VI-1930.
62. Angulo, Rev. Luis, C.M., J.C.D., Legislación de la Iglesia sobre la intención en la aplicación de la Santa Misa, VII-104 pp., 1931.
63. Frey, Rev. Wolfgang Norbert, O.S.B., A.B., J.C.D., The Act of Religious Profession, VIII-174 pp., 1931.
64. Roberts, Rev. James Brendan, A.B., J.C.D., The Banns of Marriage, XIV-140 pp., 1931.
65. Ryder, Rev. Raymond Aloysius, A.B., J.C.D., Simony, IX-151 pp., 1931.
66. Campagna, Rev. Angelo, Ph.D., J.U.D., Il Vicario Generale del Vescovo, VII-205 pp., 1931.
67. Cox, Rev. Joseph Godfrey, A.B., B.C.D., The Administration of Seminaries, VI-124 pp., 1931.
68. Gregory, Rev. Donald J., J.U.D., The Pauline Privilege, XV-165 pp., 1931.
69. Donohue, Rev. John F., J.C.D., The Impediment of Crime, VII-110 pp., 1931.
70. Dooley, Rev. Eugene A., O.M.I., J.C.D., Church Law On Sacred Relics, IX-143 pp., 1931.
71. Orth, Rev. Raymond Clement, O.M.C., J.C.D., The Approbation of Religious Institutes, 171 pp., 1931.
72. Pernicone, Rev. Joseph M., A.B., J.C.D., The Ecclesiastical Prohibition of Books, XII-267 pp., 1932.
73. Clinton, Rev. Connell, A.B., J.C.D., The Paschal Precept, IX-108 pp., 1932.
74. Donnelly, Rev. Francis B., A.M., S.T.L., J.C.D., The Diocesan Synod, VIII-125 pp., 1932.
75. Torrente, Rev. Camilo, C.M.F., J.C.D., Las Processiones Sagradas, V-145 pp., 1932.
76. Murphy, Rev. Edwin J., C.PP.S., J.C.D., Suspension Ex Informata Conscientia, XI-122 pp., 1932.
77. Mackenzie, Rev. Eric F., A.M., S.T.L., J.C.D., The Delict of Heresy in its Commission, Penalization, Absolution, VII-124 pp., 1932.
78. Lyons, Rev. Avitus E., S.T.B., The Collegiate Tribunal of First Instance, XI-147 pp., 1932.
79. Connolly, Rev. Thomas A., J.C.D., Appeals, XI-195 pp., 1932.
80. Sangmeister, Rev. Joseph V., A.B., J.C.D., Force and Fear as Precluding Matrimonal Consent, V-211 pp., 1932.

81. Jaeger, Rev. Leo A., A.B., J.C.D., The Administration of Vacant and Quasi-Vacant Episcopal Sees in the United States, IX-229 pp., 1932.
82. Rimlinger, Rev. Herbert T., J.C.D., Error Invalidating Matrimonial Consent, VII-79 pp., 1932.
83. Barrett, Rev. John D. M., S.S., J.C.D., A Comparative Study of the Third Plenary Council of Baltimore and the Code, IX-221 pp., 1932.
84. Carberry, Rev. John J., Ph.D., S.T.D., J.C.D., The Juridical Form of Marriage, X-177 pp., 1934.
85. Dolan, Rev. John L., A.B., J.C.D., The Defensor Vinculi, XII-157 pp., 1934.
86. Hannan, Rev. Jerome D., A.M., S.T.D., LL.B., J.C.D., The Canon Law of Wills, IX-517 pp, 1934.
87. Lemieux, Rev. Delisle A., A.M., J.C.D., The Sentence in Ecclesiastical Procedure, IX-131 pp., 1934.
88. O'Rourke, Rev. James J., A.B., J.C.D., Parish Registers, VII-109 pp., 1934.
89. Timlin, Rev. Bartholomew, O.F.M., A.M., J.C.D., Conditional Matrimonial Consent, X-381 pp., 1934.
90. Wahl, Rev. Francis X., A.B., J.C.D., The Matrimonial Impediments of Consanguinity and Affinity, VI-125 pp., 1934.
91. White, Rev. Robert J., A.B., LL.B., S.T.B., J.C.D., Canonical Ante-Nuptial Promises and the Civil Law, VI-152 pp., 1934.
92. Herrera, Rev. Antonio Parra, O.C.D., J.C.D., Legislación Eclesiástica sobre el Ayuno y la Abstinencia, XI-191 pp., 1935.
93. Kennedy, Rev. Edwin J., J.C.D., The Special Matrimonial Process in Cases of Evident Nullity, X-165 pp., 1935.
94. Manning, Rev. John J., A.B., J.C.D., Presumption of Law in Matromonial Procedure, XI-111 pp., 1935.
95. Moeder, Rev. John M., J.C.D., The Proper Bishop for Ordination and Dimissorial Letters, VII-135 pp., 1935.
96. O'Mara, Rev. William A., A.B., J.C.D., Canonical Causes for Matrimonial Dispensations, IX-155 pp., 1935.
97. Reilly, Rev. Peter, J.C.D., Residence of Pastors, IX-81 pp., 1935.
98. Smith, Rev. Mariner T., O.P., S.T.L., J.C.D., The Penal Law for Religious, VII-169 pp., 1935.
99. Whalen, Rev. Donald W., A.M., J.C.D., The Value of Testimonial Evidence in Matrimonial Procedure, XIII-297 pp., 1935.
100. Cleary, Rev. Joseph F., J.C.D., Canonical Limitations of the Alienation of Church Property, VIII-141 pp., 1936.
101. Glynn, Rev. John C., J.C.D., The Promoter of Justice, XX-337 pp., 1936.
102. Brennan, Rev. James H., S.S., A.M., S.T.B., J.C.D., The Simple Convalidation of Marriage, VI-135 pp., 1937.
103. Brunini, Rev. Joseph Bernard, J.C.D., The Clerical Obligations of Canons 139 and 142, X-121 pp., 1937.
104. Connor, Rev. Maurice, A.B., J.C.D., The Administrative Removal of Pastors, VIII-159 pp., 1937.
105. Guilfoyle, Rev. Merlin Joseph, J.C.D., Custom, XI-144 pp., 1937.
106. Hughes, Rev. James Austin, A.B., A.M., J.C.D., Witnesses in Criminal Trials of Clerics, IX-140 pp., 1937.
107. Jansen, Rev. Raymond J., A.B., S.T.L., J.C.D., Canonical Provisions for Catechetical Instruction, VII-153 pp., 1937.
108. Kealy, Rev. John James, A.B., J.C.D., The Introductory Libellus in Church Court Procedure, XI-121 pp., 1937.

109. McManus, Rev. James Edward, C.SS.R., J.C.D., The Administration of Temporal Goods in Religious Institutes, XVI-196 pp., 1937.
110. Moriarity, Rev. Eugene James, J.C.D., Oaths in Ecclesiastical Courts, X-115 pp., 1937.
111. Rainer, Rev. Eligius George, C.SS.R., J.C.D., Suspension of Clerics, XVII-249 pp., 1937.
112. Reilly, Rev. Thomas F., C.SS.R., J.C.D., Visitation of Religious, VI-195 pp., 1938.
113. Moriarty, Rev. Francis E., C.SS.R., J.C.D., The Extraordinary Absolition form Censures, XV-334 pp., 1938.
114. Connolly, Rev. Nicholas P., J.C.D., The Canonical Erection of Parishes, X-132 pp., 1938.
115. Donovan, Rev. James Joseph, J.C.D., The Pastor's Obligation in Prenuptial Investigation, XII-322 pp., 1938.
116. Harrigan, Rev. Robert J., M.A., S.T.B., J.C.D., The Radical Sanation of Invalid Marriages, VIII-208 pp., 1938.
117. Boffa, Rev. Conrad Humbert, J.C.D., Canonical Provisions for Catholic Schools, X-211 pp., 1939.
118. Parsons, Rev. Anscar John, O.F.M. Cap., J.C.D., Canonical Elections, XII-236 pp., 1939.
119. Reilly, Rev. Edward Michael, A.B., J.C.D., The General Norms of Dispensation, X-156 pp., 1939.
120. Ryan, Rev. Gerald Aloysius, A.B., J.C.D., Principles of Episcopal Jurisdiction, XII-172 pp., 1939.
121. Burton, Rev. Francis James, C.S.C., A.B., J.C.D., A Commentary on Canon 1125, X-222 pp., 1940.
122. Miaskiewicz, Rev. Francis Sigismund, J.C.D., Supplied Jurisdiction According to Canon 209, XII-340 pp., 1940.
123. Rice, Rev. Patrick William, A.B., J.C.D., Proof of Death in Prenuptial Investigation, VIII-156 pp., 1940.
124. Anglin, Rev. Thomas Francis, M.S., J.C.D., The Eucharistic Fast, VIII-183 pp., 1941.
125. Coleman, Rev. John Jerome, J.C.D., The Minister of Confirmation, VI-153 pp., 1941.
126. Downs, Rev. John Emmanuel, A.B., J.C.D., The Concept of Clerical Immunity, XI-163 pp., 1941.
127. Esswein, Rev. Anthony Albert, J.C.D., Extrajudicial Penal Powers of Ecclesiastical Superiors, X-144 pp., 1941.
128. Farrell, Rev. Benjamin Francis, M.A., S.T.L., J.C.D., The Rights and Duties of the Local Ordinary Regarding Congregations of Women Religious of Pontifical Approval, V-195 pp., 1041.
129. Feeney, Rev. Thomas John, A.B., S.T.L., J.C.D., Restitutio in Integrum, VI-169 pp., 1941.
130. Findlay, Rev. Stephen William, O.S.B., A.B., J.C.D., Canonical Norms Governing the Deposition and Degradation of Clerics, XVII-279 pp., 1941.
131. Goodwine, Rev. John, A.B., S.T.L., J.C.D., The Right of the Church to Acquire Property, VIII-119 pp., 1941.
132. Heston, Rev. Edward Louis, C.S.C., Ph.D., S.T.D., J.C.D., The Alienation of Church Property in the United States, XII-222 pp., 1941.
133. Hogan, Rev. James John, A.B., S.T.L., J.C.D., Judicial Advocates and Procurators, VIII-200 pp., 1941.
134. Kealy, Rev. Thomas M., A.B., Litt.B., J.C.D., Dowry of Women Religious, IX-152 pp., 1941.

135. Keene, Rev. Michael James, O.S.B., J.C.D., Religious Ordinaries and Canon 198.
136. Kerin, Rev. Charles A., S.S., M.A., S.T.B., J.C.D., The Privation of Christian Burial, XVI-279 pp., 1941.
137. Louis, Rev. William Francis, M.A., J.C.D., Diocesan Archives, X-101 pp., 1941.
138. McDevitt, Rev. Gilbert Joseph, A.B., J.C.D., Legitimacy and Legitimation, X-247 pp., 1941.
139. McDonough, Rev. Thomas Joseph, A.B., J.C.D., Apostolic Administrators, X-217 pp., 1941.
140. Meier, Rev. Carl Anthony, A.B., J.C.D., Penal Administrative Procedure Against Negligent Pastors, XI-240 pp., 1941.
141. Schmidt, Rev. John Rogg, A.B., J.C.D., The Principles of Authentic Interpretation in Canon 17 of the Code of Canon Law, XII-331 pp., 1941.
142. Slafkosky, Rev. Andrew Leonard, A.B., J.C.D., The Canonical Episcopal Visitation of the Diocese, X-197 pp., 1941.
144. Dubé, Rev. Arthur Joseph, A.B., J.C.D., The General Principles for the Reckoning of Time in Canon Law, VIII-299 pp., 1941.
145. McBride, Rev. James T., A.B., J.C.D., Incardination and Excardination of Seculars, XX-585 pp., 1941.
146. Król, Rev. John J., J.C.L., The Defendant in Contentious Trials.
147. Comyns, Rev. Joseph J., C.SS.R., J.C.L., The Papal and Episcopal Administration of Church Property.
148. Barry, Rev. Garrett Francis, O.M.I., J.C.L., Violation of the Cloister.
149. Bolduc, Rev. Gatien, C.S.V., A.B., S.T.L., J.C.L., Les études dans les religions cléricales.
150. Boyle, Rev. David John, M.A., J.C.L., The Juridic Effects of Moral Certitude on Pre-Nuptial Guarantees.
151. Canavan, Rev. Walter Joseph, M.A., Litt. D., J.C.L., The Profession of Faith.
152. Desrochers, Rev. Bruno, A.B., Ph.L., S.T.B., J.C.L., Le Premier Concile Plénier de Québec et le Code de Droit Canonique .
153. Dillon, Rev. Robert Edward, A.B., J.C.L., Common Law Marriage.
154. Dodwell, Rev. Edward John, Ph.D., S.T.B., J.C.L., The Time and Place for the Celebration of Marriage.
155. Donnellan, Rev. Thomas Andrew, A.B., J.C.L., The Obligation of the Missa pro Papulo.
156. Eltz, Rev. Louis Anthony, A.B., J.C.L., Cooperators in Crimes According to Canon 2209.
157. Gass, Rev. Sylvester Francis, M.A., J.C.L., Ecclesiastical Pensions.
158. Guiniven, Rev. John Joseph, C.SS.R., J.C.L., The Precept of Hearing Mass on Sundays and Holy Days of Obligation.
159. Gulczynski, Rev. John Theophilus, J.C.L., The Desecration and Violation of Churches.
160. Hammill, Rev. John Leo, M.A., J.C.L., The Obligations of the Traveler accarding to Canon 14.
161. Haydt, Rev. John Joseph, A.B., J.C.L., Reserved Benefices.
162. Huser, Rev. Roger John, O.F.M., A.B., J.C.L., The Canonical Crime of Abortion.
163. Kearney, Rev. Francis Patrick, A.B., S.T.L., J.C.L., The Principles of Canon 1127.
164. Linahen, Rev. Leo James, S.T.L., J.C.L., De Absolutione Complicis In Peccato Turpi.

165. McCloskey, Rev. Joseph Aloysius, A.B., J.C.L., The Subject of Ecclesiastical Law according to Canon 12.
166. O'Neill, Rev. Francis Joseph, C.SS.R., J.C.L., The Dismissal of Religious in Temporary Vows.
167. Prince, Rev. John Edward, A.B., S.T.B., J.C.L., The Diocesan Chancellor.
168. Riesner, Rev. Albert Joseph, C.SS.R., J.C.L., Apostates and Fugitives from Religious Institutes.
169. Stenger, Rev. Joseph Bernard, J.C.L., The Mortgaging of Church Property.
170. Waldron, Rev. Joseph Francis, A.B., J.C.L., The Miniser of Baptism.
171. Willett, Rev. Robert Albert, J.C.L., The Probative Value of Documents in Ecclesiastical Trials.
172. Woeber, Rev. Edward Martin, M.A., J.C.L., The Interpellations.

www.ingramcontent.com/pod-product-compliance
Lightning Source LLC
LaVergne TN
LVHW050224080826
844660LV00012B/463

* 9 7 8 0 8 1 3 2 2 3 3 8 4 *